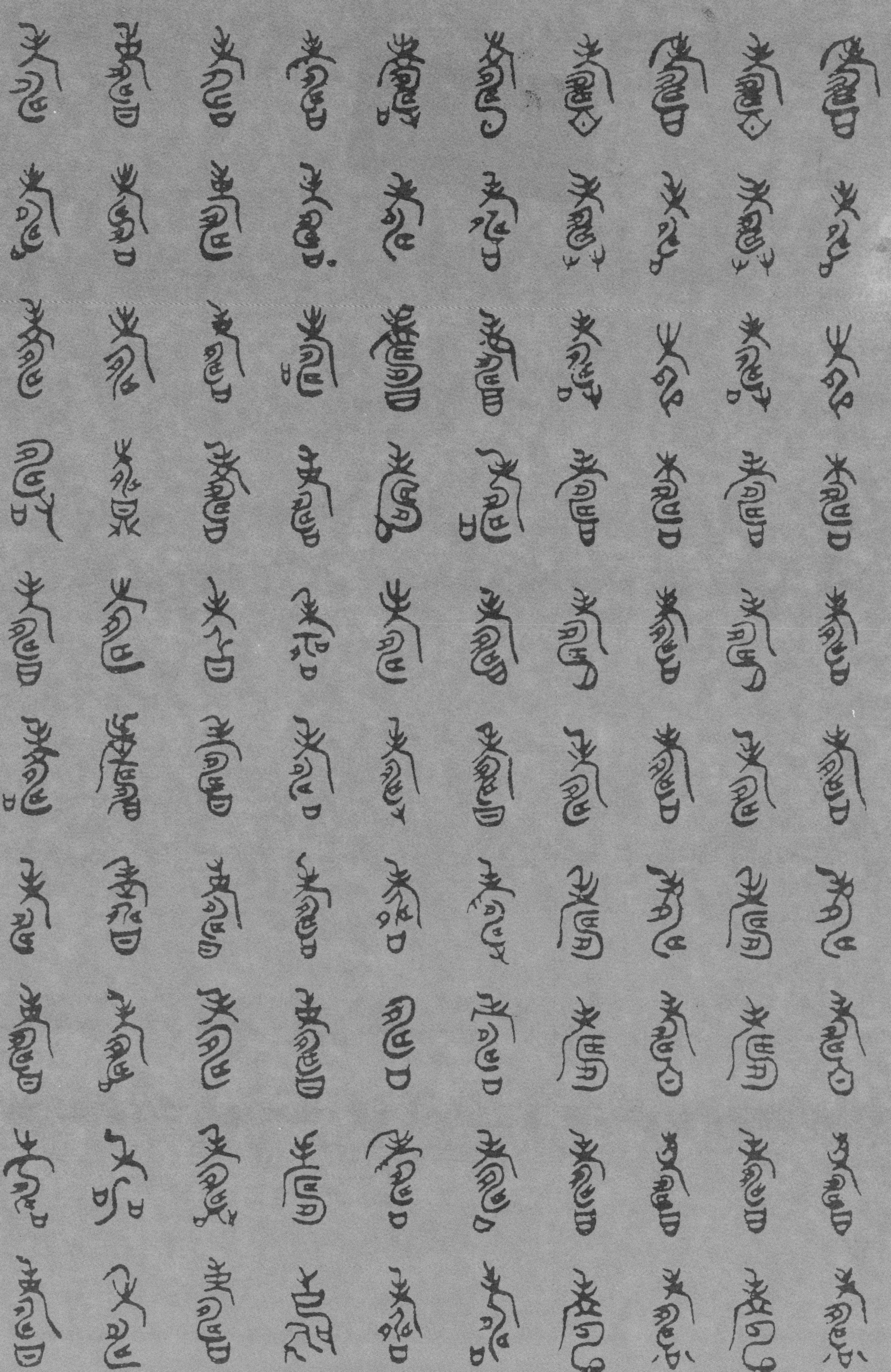

蔣一安珍藏・類次

三代吉金漢唐樂石拓存

松嶺逸叟自署

三代吉金漢唐樂石拓存

珍藏者：蔣　一安
出版者：文史哲出版社
登記證字號：行政院新聞局局版臺業字五三三七號
發行人：彭　正雄
發行所：文史哲出版社
台北市羅斯福路一段七十二巷四號
郵撥〇五一二八八一二彭正雄帳戶
電話：三五一一〇二八
印刷者：文史哲出版社

實價新台幣四五〇元

中　一八十二年元月初版

ISBN 957-547-189-X

三代吉金漢唐樂石拓存　目錄

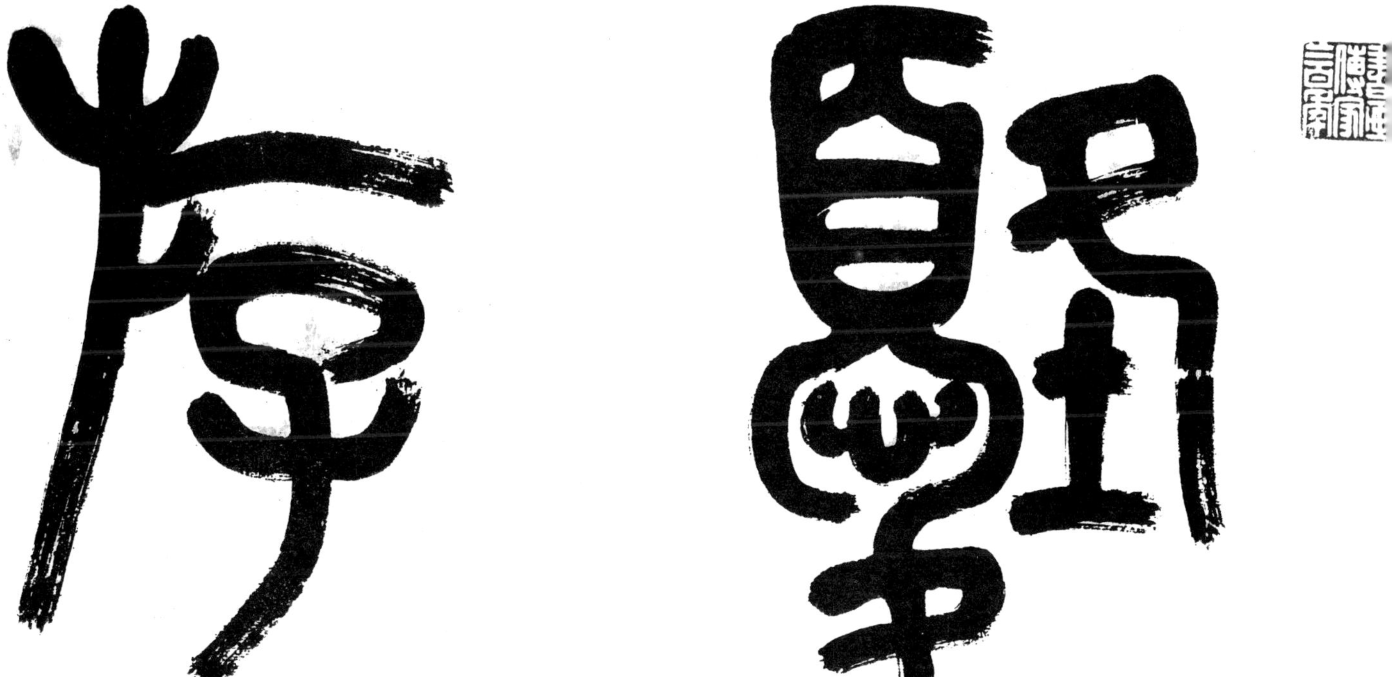

一安老弟教正

集獵碣文字

馬

公愚

序

金石之學自宋始盛歐陽氏以著集古錄劉原父識古文奇字且曾著先秦古器圖呂大臨著考古圖王黼之宣和博古圖薛尚功之鐘鼎款識趙明誠之金石錄皆重視三代彝鼎以為可補史之闕文其後寖然甚久至有清一代地致奇瑰器物漸出內府收藏尤富於是乾隆有西清古鑑之纂然其釋文輒多舛誤毛伯鼎即其一例也稍後揚州阮氏以其自藏及所見之彝器銘文招來資萃成編成積古齋鐘鼎款識得五百六十餘器較薛尚功之四百九十三器已逾越為多當時已稱繁富至同光以後出土愈多歷可指數而名家藏器如吳縣潘氏吳氏濰縣陳氏等據廣倉

學官刊周金文存並時藏家約得六七十氏降及民初為數更屬吳縣蔣氏即其一也余於金石文字幼而嗜之來臺以後始寓金文然以治學迫促窺其姿態未深考其出土之經過收藏之遞嬗與夫文字與史料之關係前年秋故宮博物院舉辦古物清點余濫竽其事得盡觀佳刻精槧古玉名瓷而于三代吉金尤三致意焉故宮博物院及中央博物院所藏吉金總數共為一千九百餘事洋洋大觀而有銘文者以毛公鼎散氏盤等名器皆列在內洵乎其觀止也今年中華詩學研究所有修禊之集遐安蔣先生携其家藏龜甲金石拓本一冊來展其中吉金部份七十餘件皆精品精拓其中且有劉鐵雲羅振玉手拓之件皆神光四射珍貴無比

飛卿手寫

逸安以余於此稍窺門徑因就余商訂布之方因以影本抵
余細閱窮數日之力除龜甲外書金之屬為勘校他書得知
器名者凡得三十餘事其餘識其文字未能證其器名者為
有進半竊思古器物品除鼎彝尊匜等多具定形可以確
定外其名稱大抵根據其中文字人名地名而定同一器物多考
古家定名或有不同是以校核為難且當初裝潢之際未加挑
列考其年次註其名稱以及出土情形今則未遑惠勘因言於
逸安除每項拓本予以編號外仍依原存次序影印問世俾於
古器精拓長傳後世將來由治古文字學者為之一一疏通考證
其有功于學術至鉅也此外尚有漢錢範及泉布之屬數十事

銅鏡兵器之屬十餘事皆有文字皆極精美又有羅叔言題唐造象拓本二澤瓦魏志額二漢磚一封泥三皆名家手拓精品又楚州宋磚數十事宋磚本非特奇然其文字多為楷書而古樸異常可與宋鋟善本相埒將來篆刻家之發展不能不以古文字為體若欲變化將必出於斯逢其嚴整蒼勁之致尤可憙焉蔣氏三世從事於此乃祖敬臣公世父伯斧先生以逮逸安皆嗜古善鑑數十年來兩經戰亂里居文物蕩失殆盡逸安爾足萬里幸能保此精拓仍使揚輝于世且無久遠亦可謂孝矣又蔣氏舊藏有白麻紙唐寫本唐韻殘卷四十四葉實稀世之珍伯斧先生既有跋語及札記逸安繩承先志復摹刊

龔鵬程寫

謬補闕一書茲節刊其導言與唐說芻合為一卷附刊於後蔣氏
世寶精要者概已具載衡諸當世殊妙超頂數十年來故家鉅
室毀失殆盡無塵呼吸波濤震慄為有此一集傳世寔乎難矣
中華民國八十一年歲次壬申仲夏之月下澣
常熟李猷書於臺北之紅豆樓

龍磵手寫

吉光

奉題逸盦先生珍藏甲骨金石拓本

虎羽

辛未年
臘月
華巖

卷首語

余籍隸古吳，寄居淮安，耕讀傳家，藏書自多。遜清開館編纂四庫全書時，太高伯祖曉緣公諱曾螢進呈藏書百餘種，得拜內府初印佩文韻府之賜，領到發還原進之職官分紀，書端蒙清高宗製詩褒獎，其文曰：

進書一百種以上之江蘇周原堉、蔣曾瑩，浙江吳玉墀、孫仰曾、汪汝瑮，及朝紳中黃登賢、紀昀、勵守謙、汪如藻等，亦俱藏書舊家，并著各人賞給內府初印佩文韻府各一部，俾亦珍為世寶，以示嘉獎。

發還之書篇首鈐有翰林院印，載明年月姓名於面葉。原進職官分紀簡端高宗製詩曰：

立政為人義豈磨　股肱喜起勑幾歌
古今制異難沿襲　襄贊職同在協和
經史列編無不備　慓湘獨弃有堪多
雙松書屋東皋隱　弗出對敭又以何

詩中雙松書屋暨東皋隱為我家書齋名，進呈書籍中鈐此二印為識，故詩中言及此。詩高宗必以為得意之作，嘗親書於文淵閣屏風上，先高祖芙卿公諱元甄備官京曹，曾獲瞻仰

承賜佩文韻府庋藏雙松書屋洪楊之役蘇州城陷　先伯曾祖英
亭公為護書而身殉此書　先曾祖崧生公諱錫寶於任淮安府學教
諭時攜之北來建抱布新築以藏之余童年曾悉此書被竊旋又追回
終於抗日戰爭中付諸劫灰惜哉
先大父敬臣公諱清翊宦遊歸隱著唐初四傑集註等十餘種平生
嗜古成癖搜訪文物甚多　珍藏周鐘漢鏡唐碑宋專於此新築中惜於
兩次無情戰火全付劫灰
余捨棄家財寶藏藺足萬里半世紀流浪生活天涯海隅東徙西遷
四次散失書籍文物獨保斷簡殘篇片紙隻字藏諸篋底視同瓌寶己
丑國變浮桴來臺方稍安寧
壬戌秋仲檢視行篋殘存龜甲金石鉨印錢范封泥虎符暨唐五代
造象楚州宋專拓本若干幀委請名匠裝潢精裱得三函另將鉨印集
為一冊題曰古印窺嗜痂成癖者無不敦促刊布余亦有意於斯
辛未歲末國民大會代表退職主席團主席及憲政論壇月刊發行
人職務隨而卸下仔肩得稍清閒中華學術院詩學研究所副所長李
公嘉有師範大學吳教授仲寶仁弟僉為當代名流學人嗜古善鑑經
其指導惠助乃將三代龜甲金石唐五代造象拓片唐人手寫本唐韻

殘卷宋專拓本及古印窺分類編次委請文史哲出版社彭發行人正雄兄精印發行一曰三代吉金漢唐樂石拓存一曰古印窺楚州宋專拓本名器精拓得以其殘影敭輝於世永垂久遠誰曰不宜何必私藏囊篋任其漫漶滅失哉

中華民國八十一大暑松嶺逸叟蔣一安識於唐韻簃時年七九初度

良渚文化——玉器

逸　庵

遜清末造，東南沿海發現數個巨大墓葬遺址，此中藏有陪葬玉器。推算時間，當早於商朝很遠。其地曰良渚，故稱良堵文化——玉器。地理位置在今江蘇吳縣、浙江安溪縣一帶。當時出土玉器數量不少，地方人竊賣於國外，歐美、日本博物館中，咸有收藏展覽。時代推算不一，實係新石器時代遺物。據估計發掘數量約在七千多件，尙不包括盜賣國外者在內。

出土玉器主要是璧與琮，璧是禮天，琮是禮地的禮器。

玉璧扁平，中有孔，有單面穿、雙面穿兩種，表面平素無紋，厚薄不一，邊緣偶有缺損，乃深埋土中日久鈣化，所謂「土咬」是也，表面留有切割痕跡，爲古代玉器特徵之一。

玉琮有短筒狀手鐲式及內圓外方方柱式兩種。玉琮表面琢刻有神形、人形、獸形面紋，琢雕精細，眼部圓圈形的疊花紋，線條寬度僅有0.1—0.2mm，最細的只有0.07mm，技巧高明，令人折服。

發現的裝飾器，可分爲器物裝飾與人類佩飾，形式繁多。

我欣賞一塊巨大權杖上玉斧，玉斧本身有如一本厚厚洋裝書籍，純白晶瑩。放置位置向左延伸，柄柄相投。杖柄上裝飾有大小不同零碎白玉「惜圖案出土時已破壞原形。手持把柄，橫置胸前，持手處，則是白玉帶藍的美玉裝飾，已經腐朽無跡的柄靶想係木質，早無殘跡可尋。死者仰臥，地位可能是酋長階級。

他如人佩飾用玉，器物裝飾用玉，有各種圖案，動物形、幾何形、人、神、獸複合形，其中頸飾、胸飾等，花紋多陳陰線雕刻，美不勝收，現今機器雕工，亦不過如此。

武器形、工具形亦有出土，似不可能爲適用品，當是禮儀與宗教用品。晶瑩溫潤，鮮艷奪目，琢磨技巧，細膩精緻，必然已有製玉器具——如用手用足旋車，以及超過新石器時代的金屬工具，方可能製造產生美麗精細形式與花紋。

一安在某處秘獲觀賞一批良渚文化玉器，准許手摸把玩，并特許攝此一影，眼福不淺。此璧厚重，白底深青花彩，畫面雨過天晴，雲破月來花弄影夜景，光可鑑人，心弦爲動。爰將此影刊於三代吉金漢唐樂石拓存卷首，公諸愛好史前文物者一睹，分享眼福。

良堵文化，遠距殷商約四千年左右，距今已有七千年之久。其時竟有如此高明文化，我中華民族誠値得驕傲於世也。

松嶺逸叟謹誌

良渚文化距殷商（1766－1122B.C）粗略估計
在四千年左右此乃出土玉器光潤可鑑予有幸
欣賞把玩并特許攝影誠應公諸愛好古文物者
一睹也　　　逸庵識　一九九二、六、十六

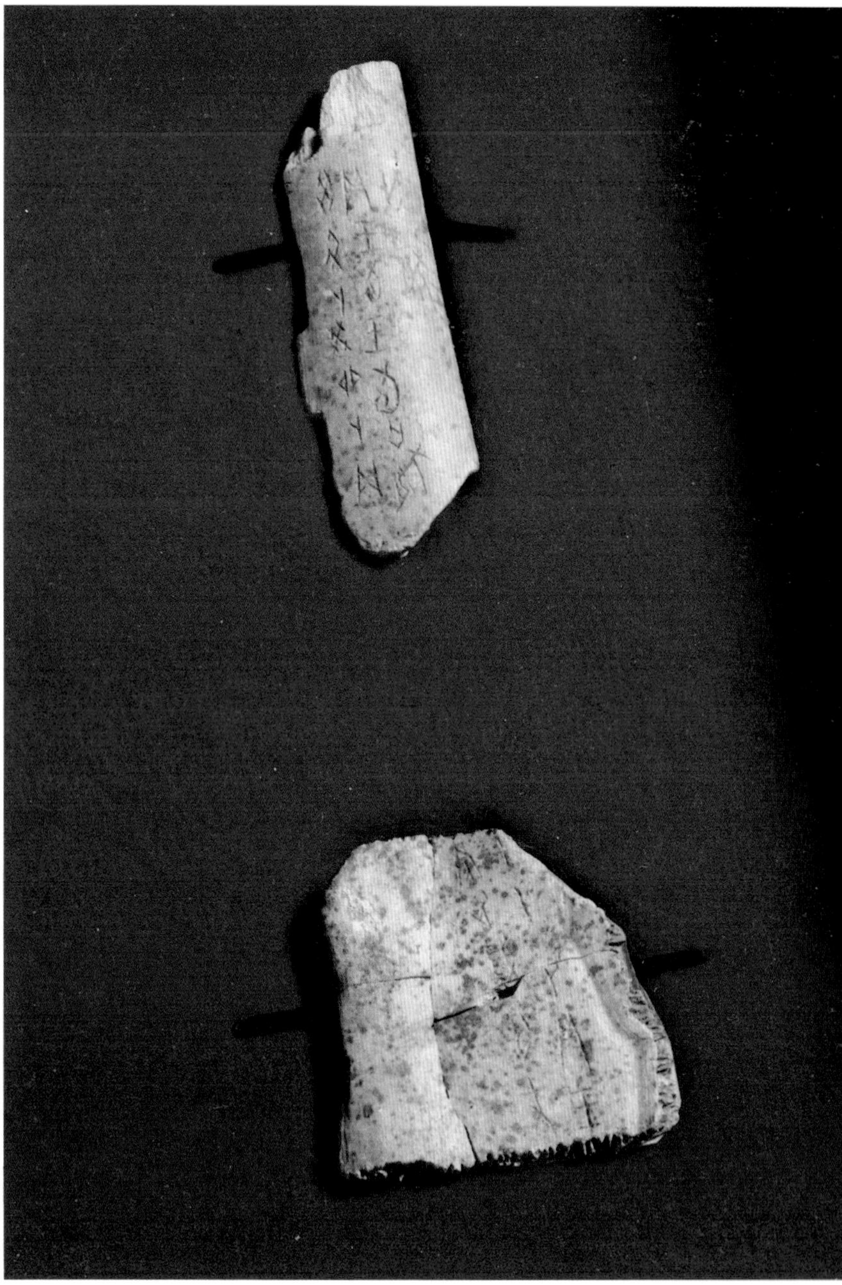

殷商龜甲

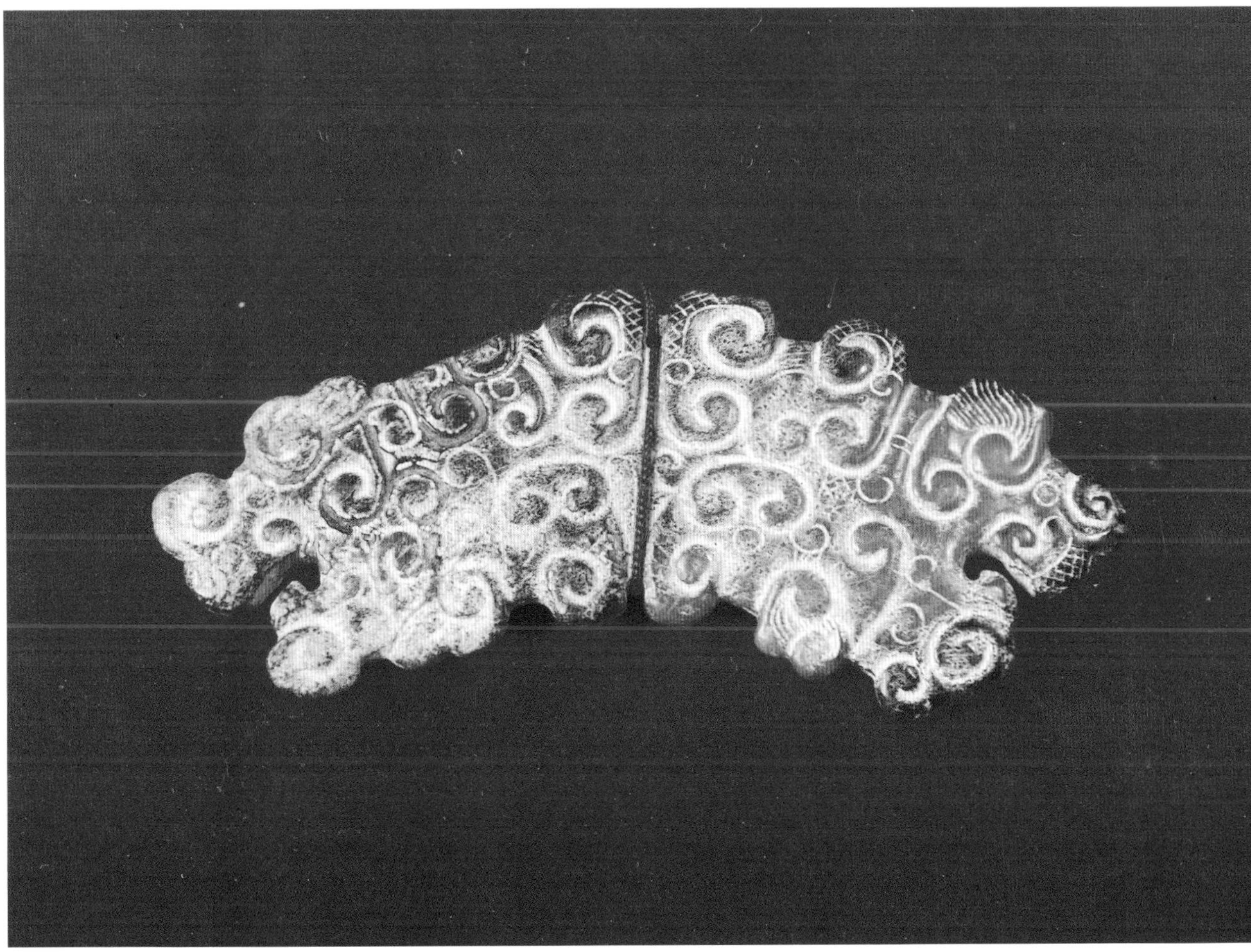

漢 玉 璜

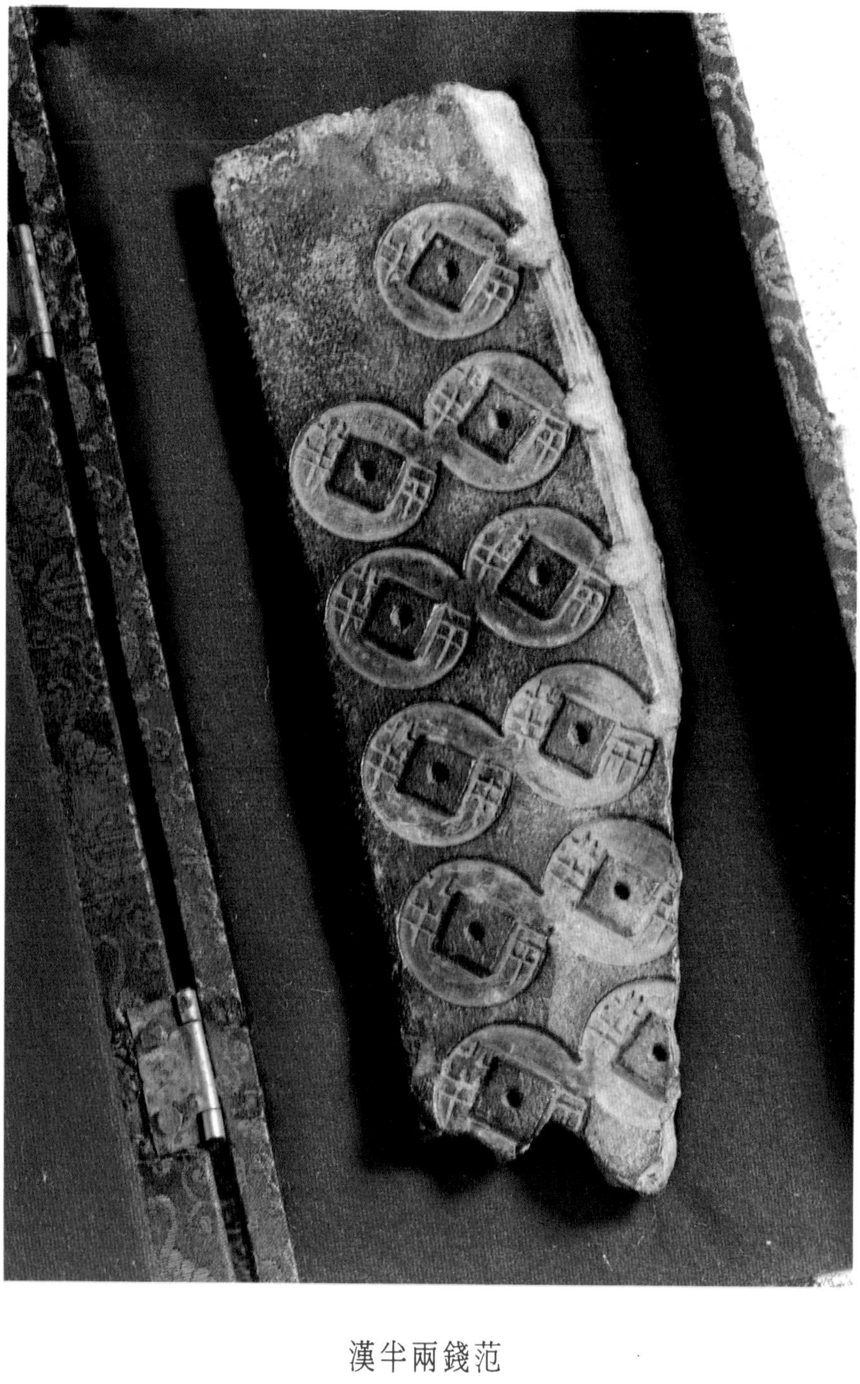

漢半兩錢范

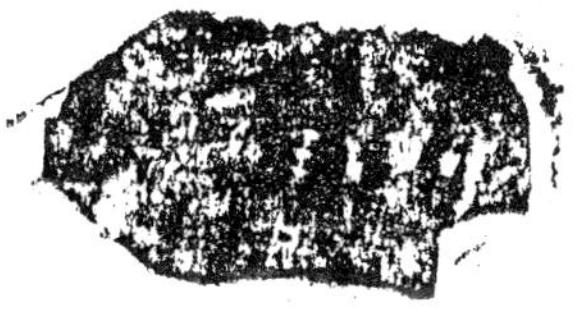

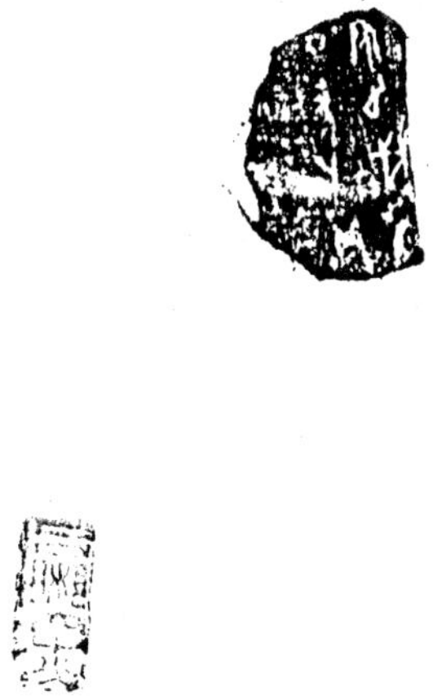

散氏盤

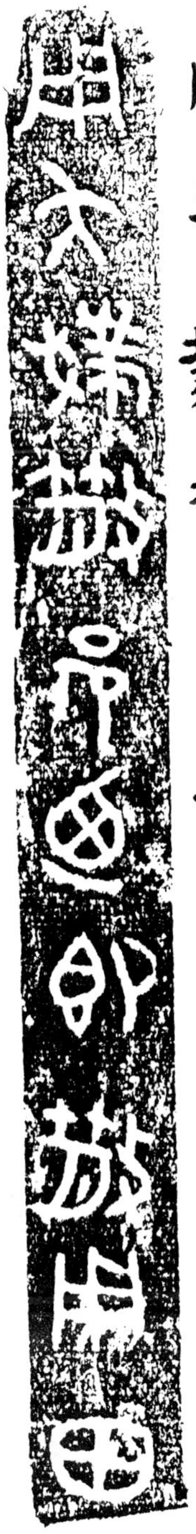

用矢戴散邑迺即散用田

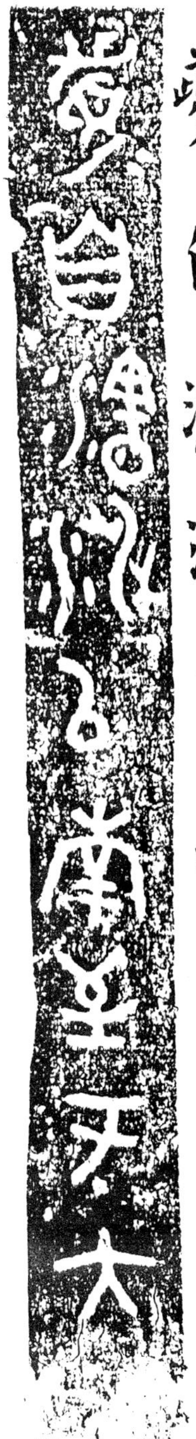

[illegible]自瀗涉㠯南至于大

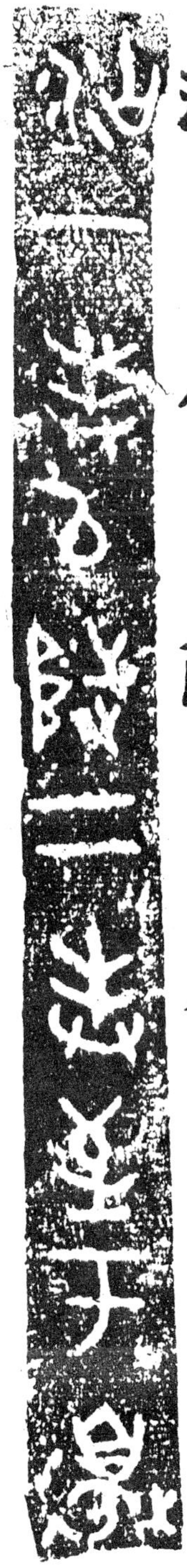

湖一表㠯陟二表至于邊

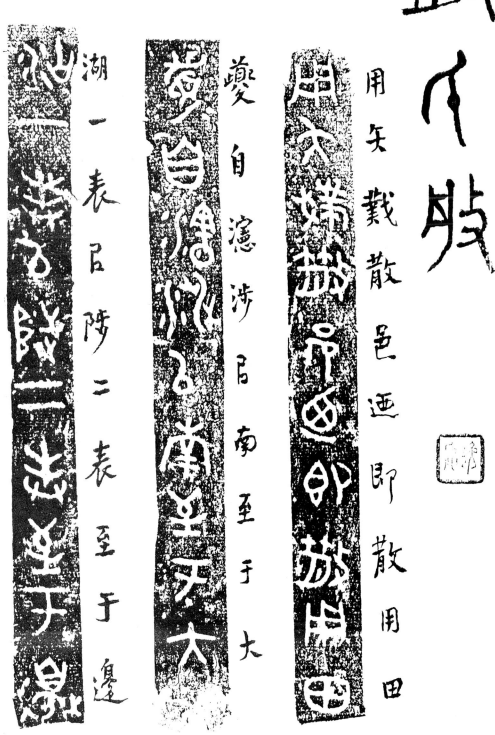

柳復涉瀗陟粤（于也）䖒邍陕

㠯西表于散城杜木表于

若逨表于若道内陟若

登于厂源表割厤陕陵剛

麻表于單道表于原道

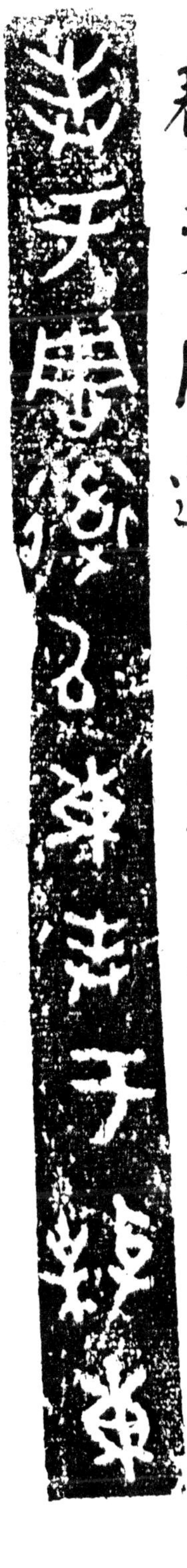

表于周道呂東表于耔東

彊右還表于[illegible]道呂南

表于卻逨道呂西至于堆

莫夔

莫夔井邑田自橋木道

左至于井邑表道已東一

表還已西一表陟剛三

表降已南表于同道陟州

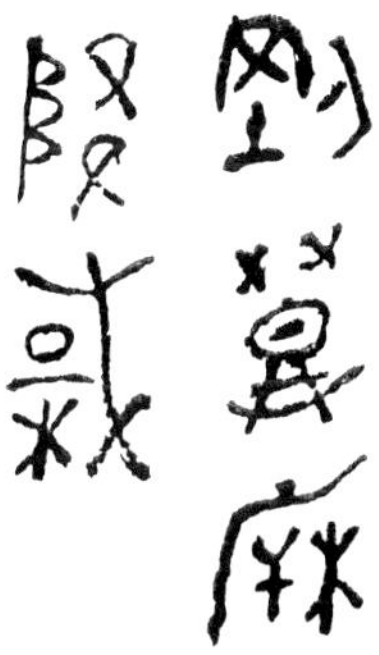

剛登麻降棫二表矢人

有司夔田蒲且敚武父西

宮襄豆人虞丂录貞師

氏右相小門人譌原人虞

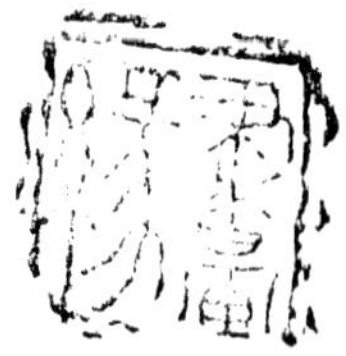

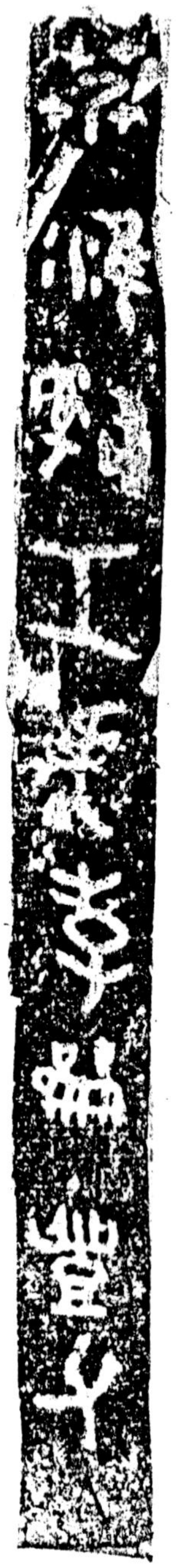

𦲘淮司工虎孝龠豐父

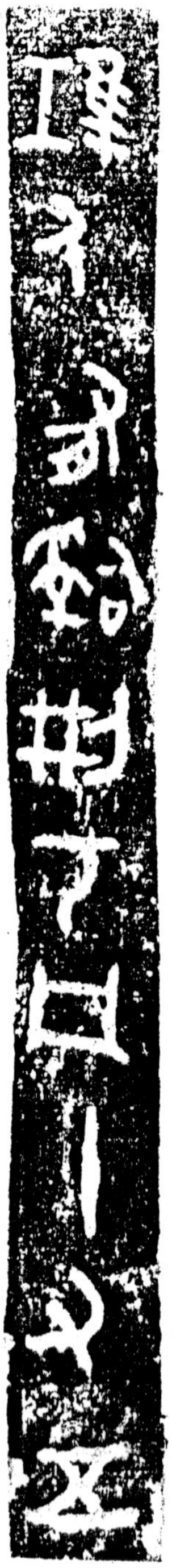

堆人有司刑丂冂十又五

冐乜

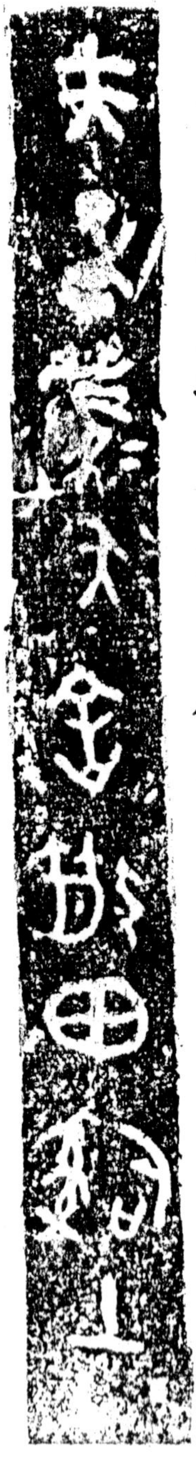

夫正𧁈夨舍散田司土

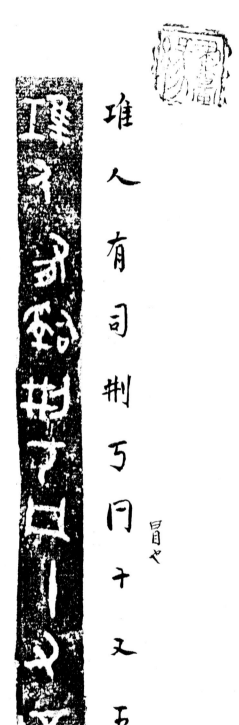

丰司馬單邦人司工

馬君宰德父散人小子[眉/夊]

田戎𢼸父效眛父䞣之有

司槀州京攸[吅/鬲]冋散

有司十夫唯王九月辰在

乙卯矢界善且𡘋旅誓

日我既付散氏田器有爽

實余有散氏心賊則爰

千

千罰千傳棄之善且羿旅

則誓廼畀西宮襄武父

誓曰我既付散氏溼田穡

田余又爽竊爰千罰千

西宮襄武父則誓乃爲

圖矢王于豆新宮東廷

乃左執要史正中農

曾伯霥簠蓋

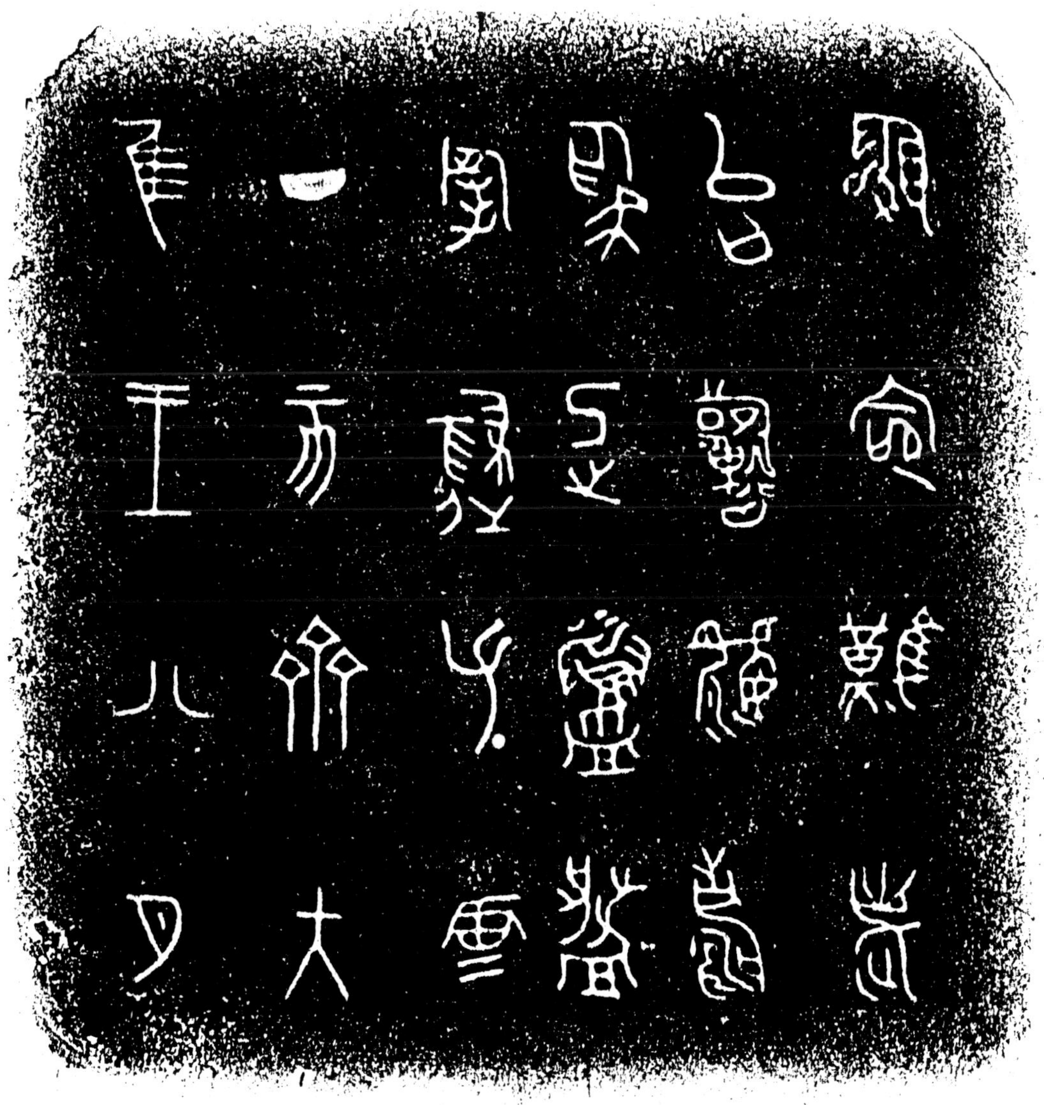

齊太宰歸父盤

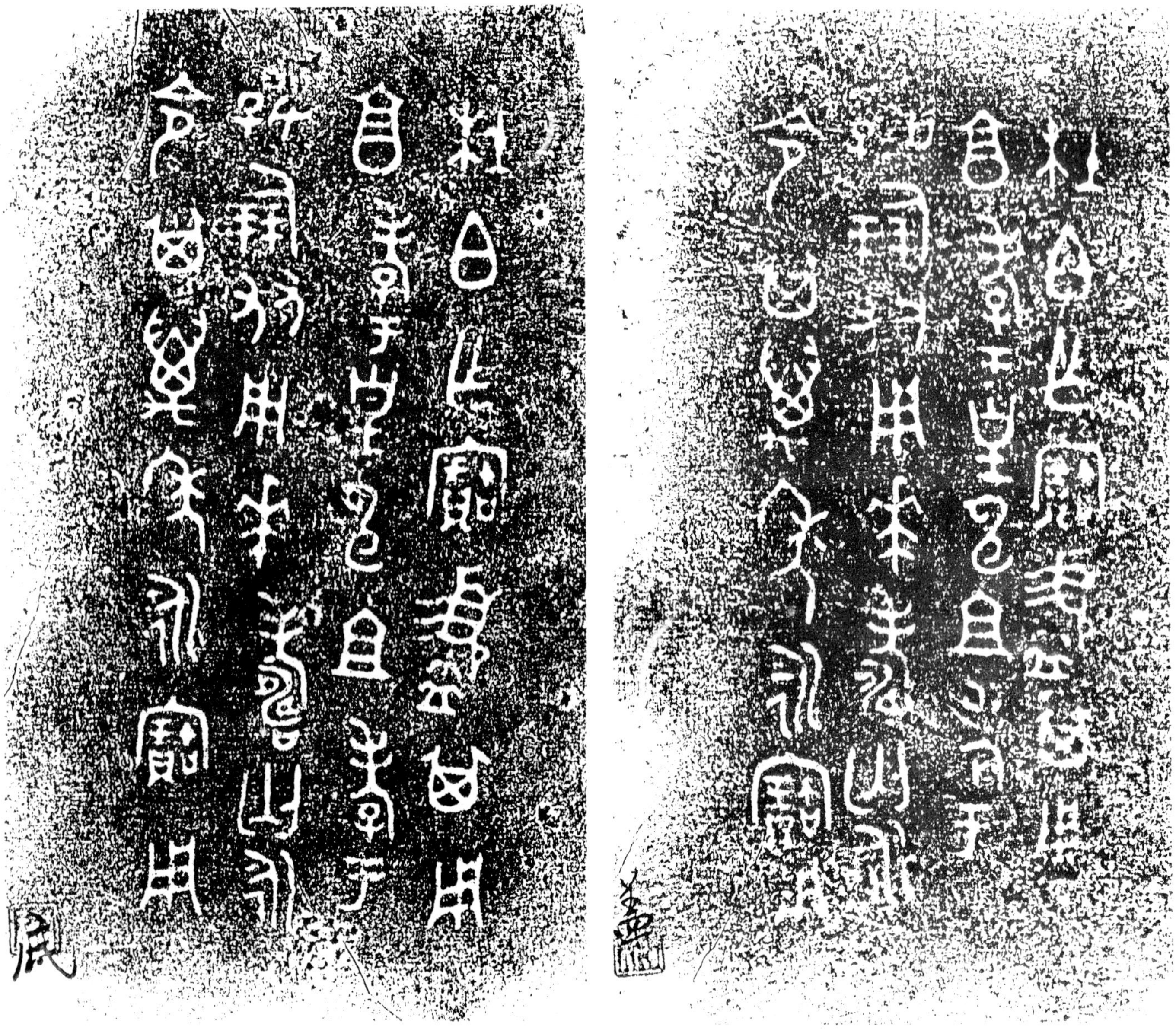

杜伯盤

陳簠齋藏

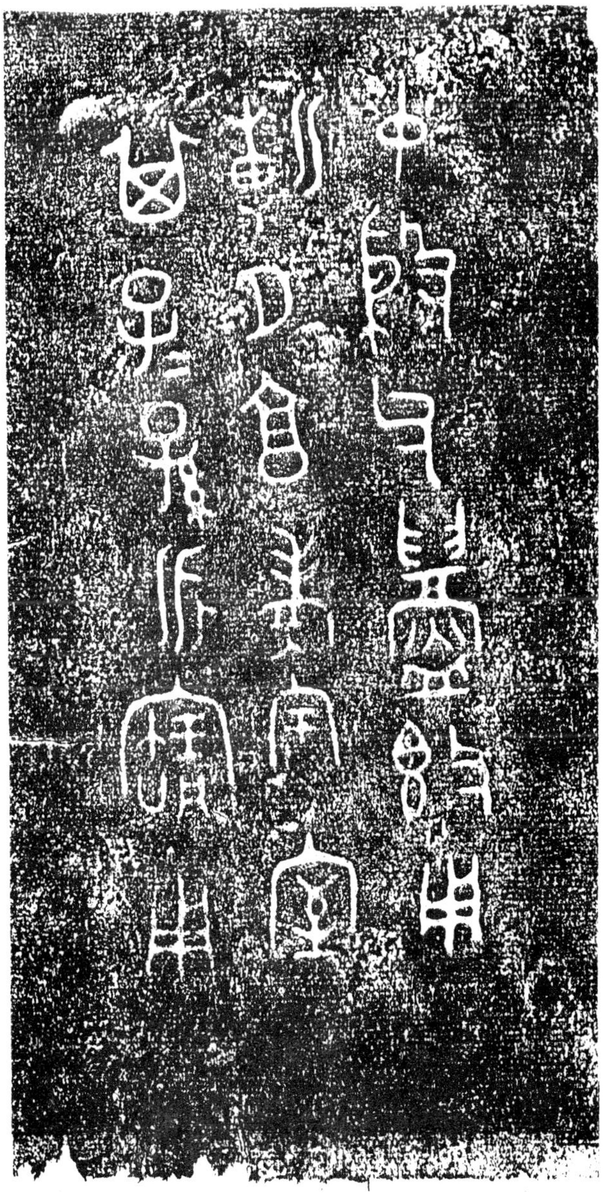

中殷父𣪕

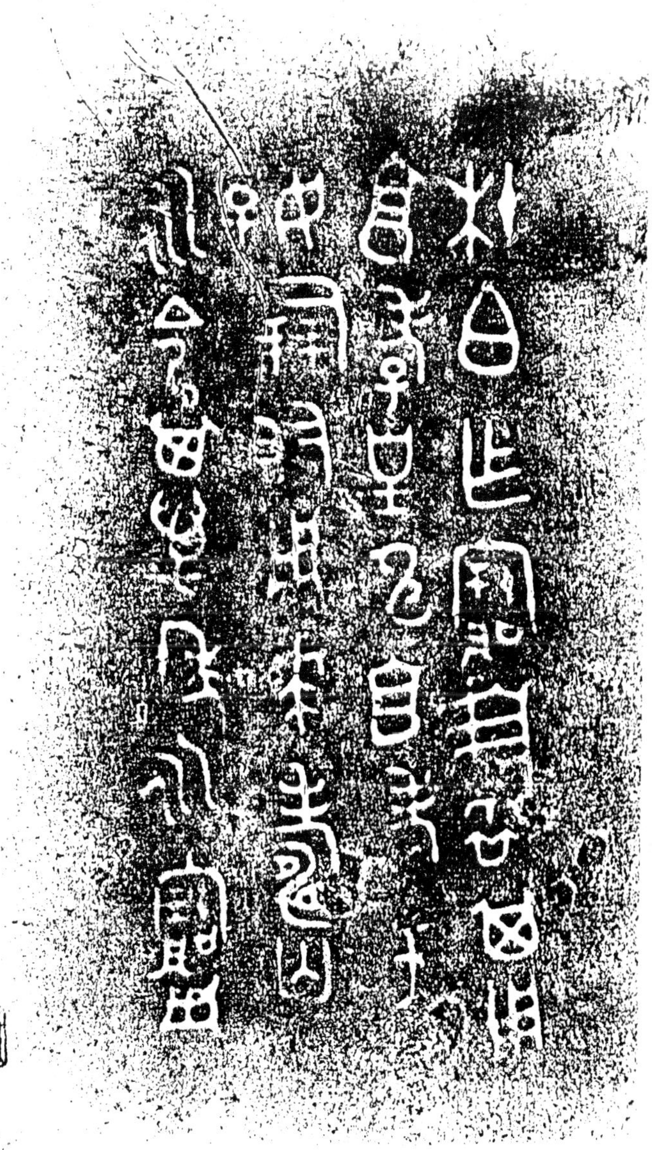

杜 伯 盤

己侯姜艾𣪘

虢叔簠

陳簠齋藏

蓋

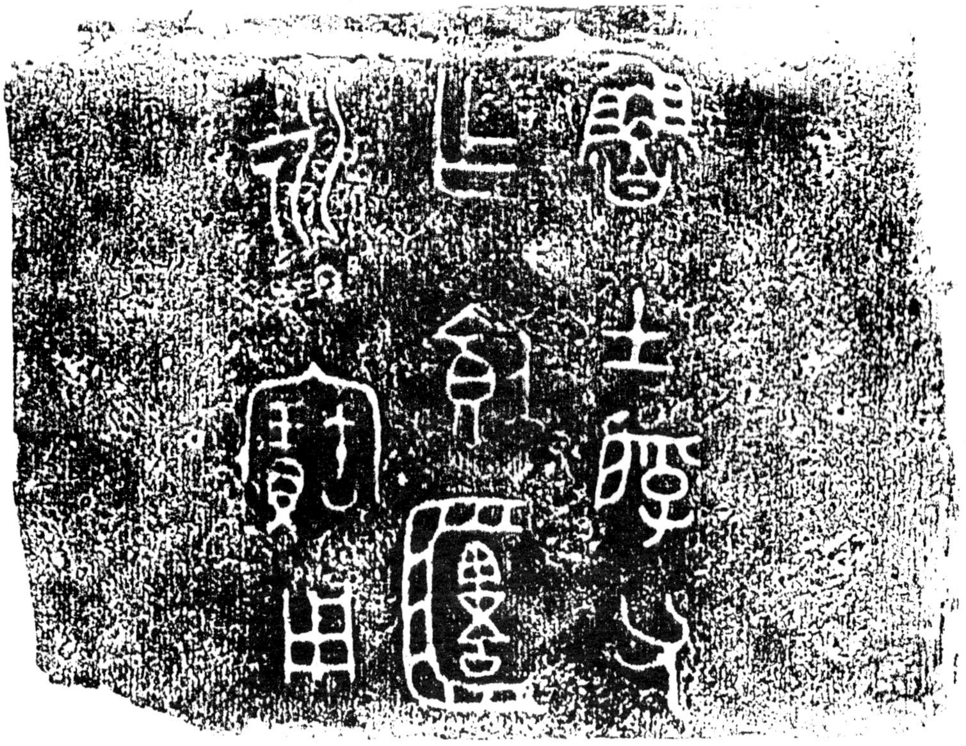

魯士浮簠

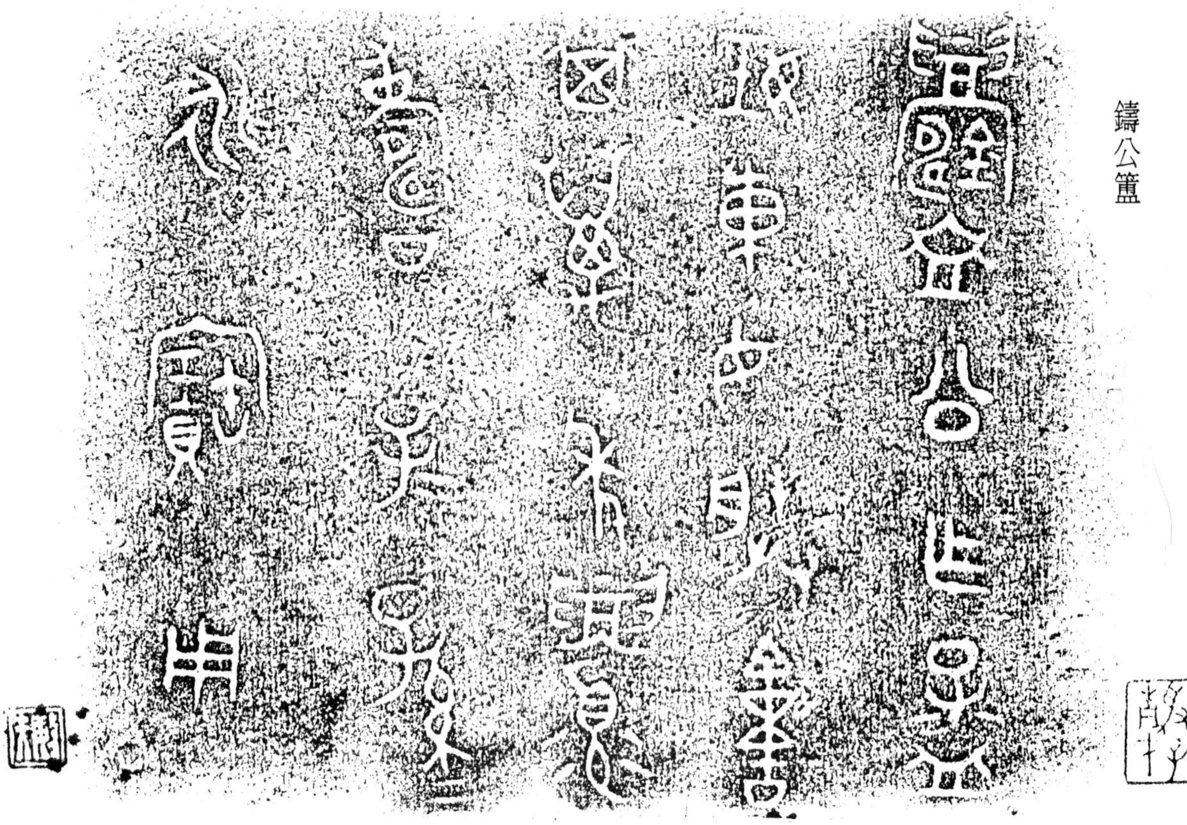

鑄公簠

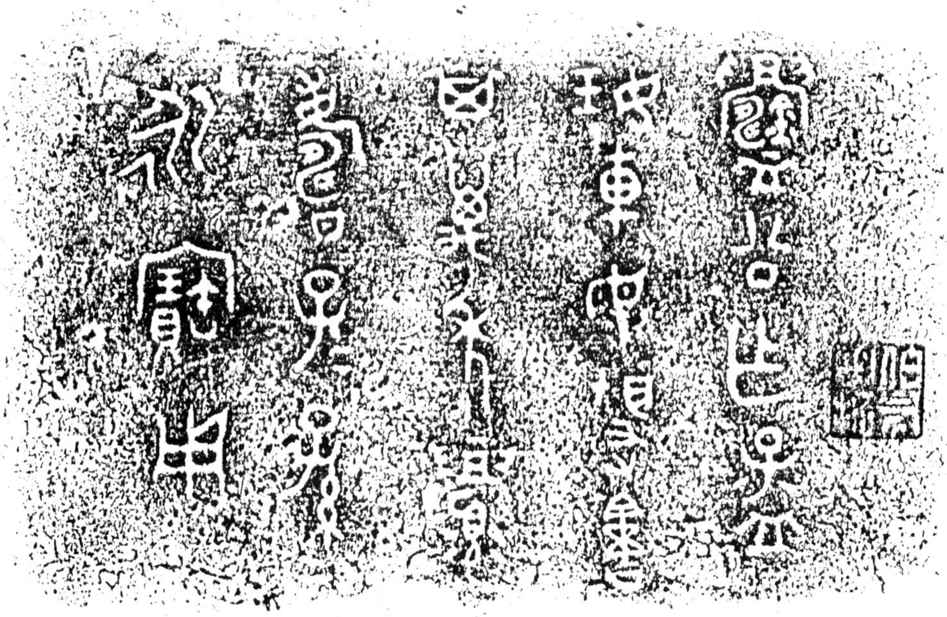

鑄公簠同文

仲伯辛壺

己矦艾毁

函皇父殷

仲義父鼎

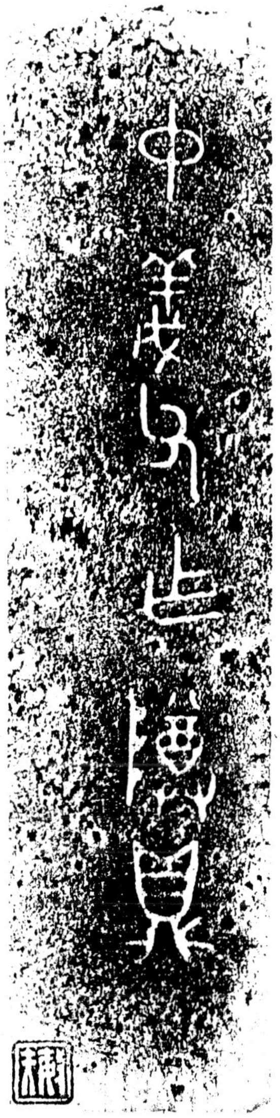

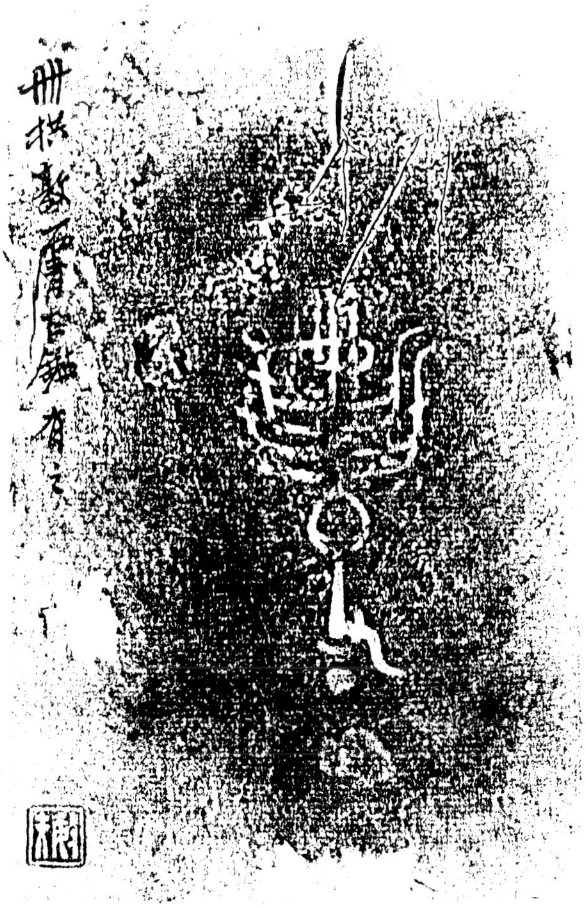

炉 檜 馬

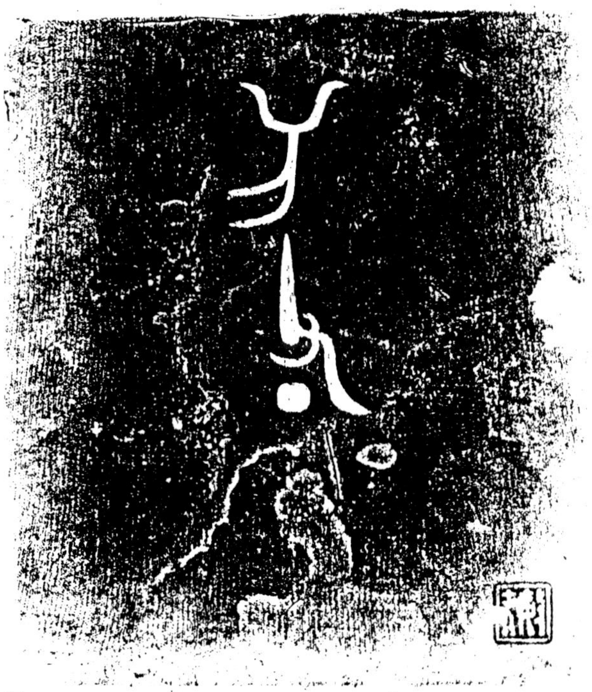

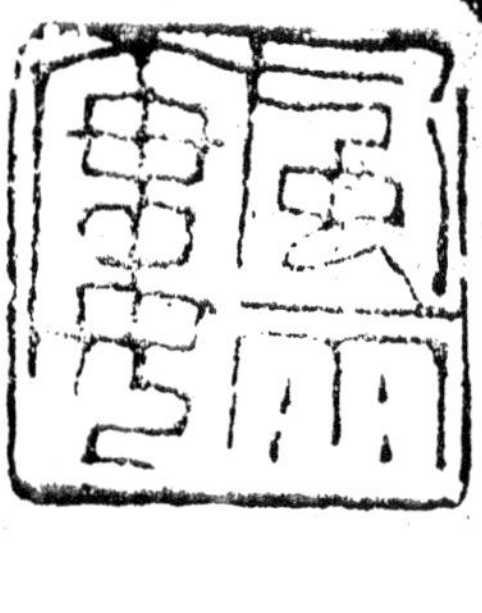

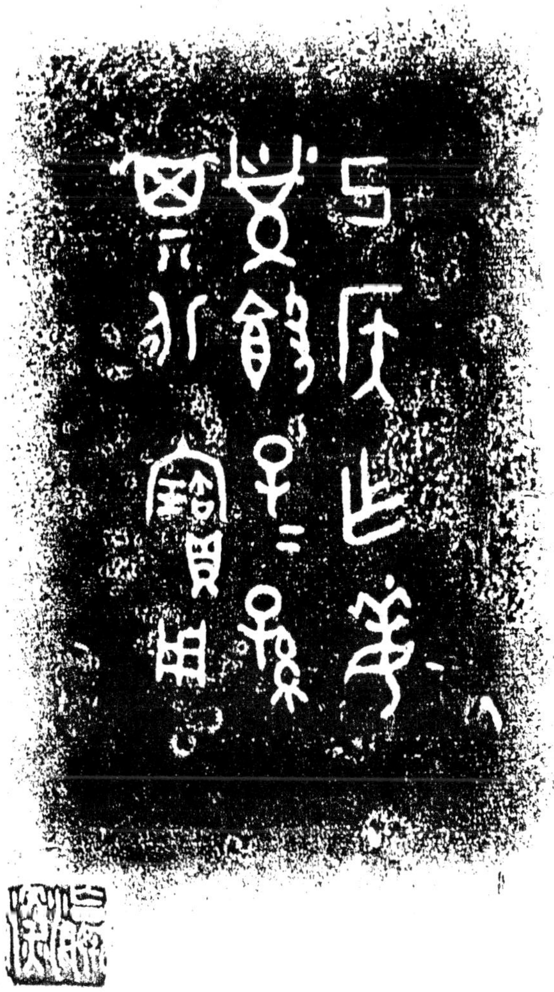

己侯殷

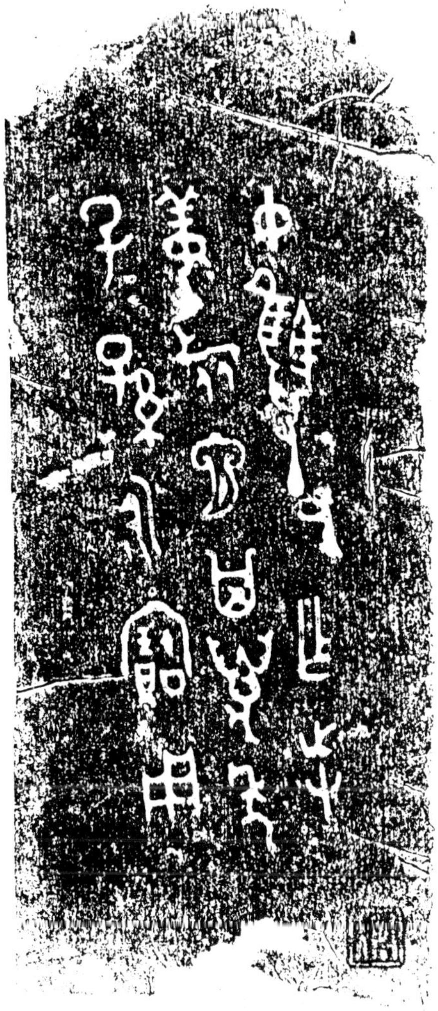

中雙父旅匜

商器

仲義父鼎

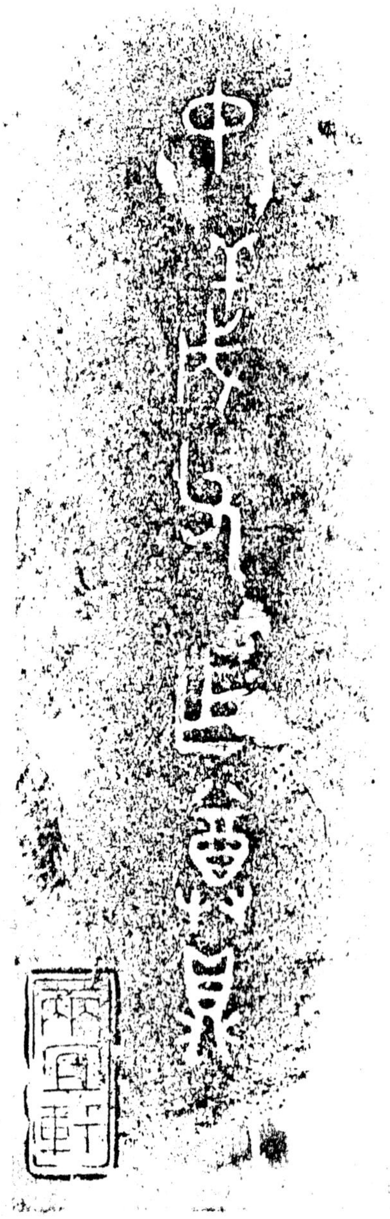

仲義父林

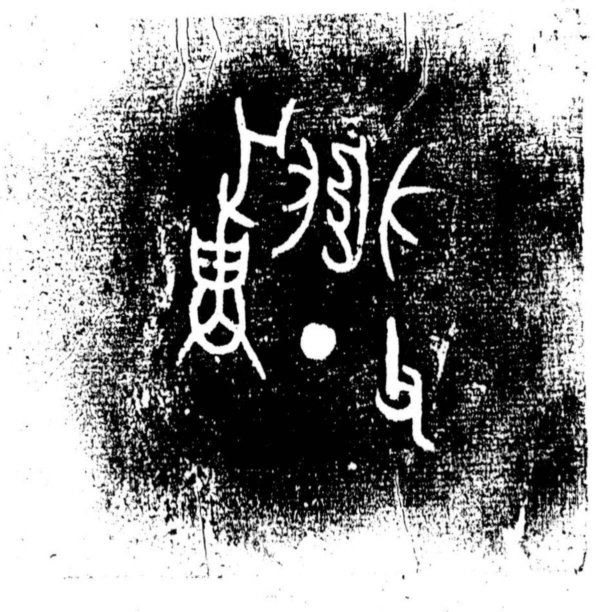

雯人寶爐

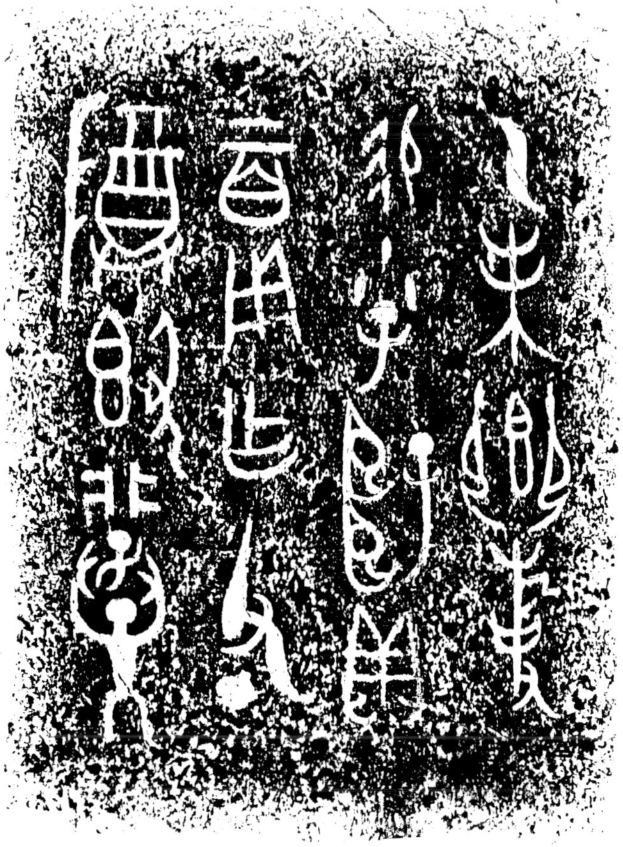

父尊毁

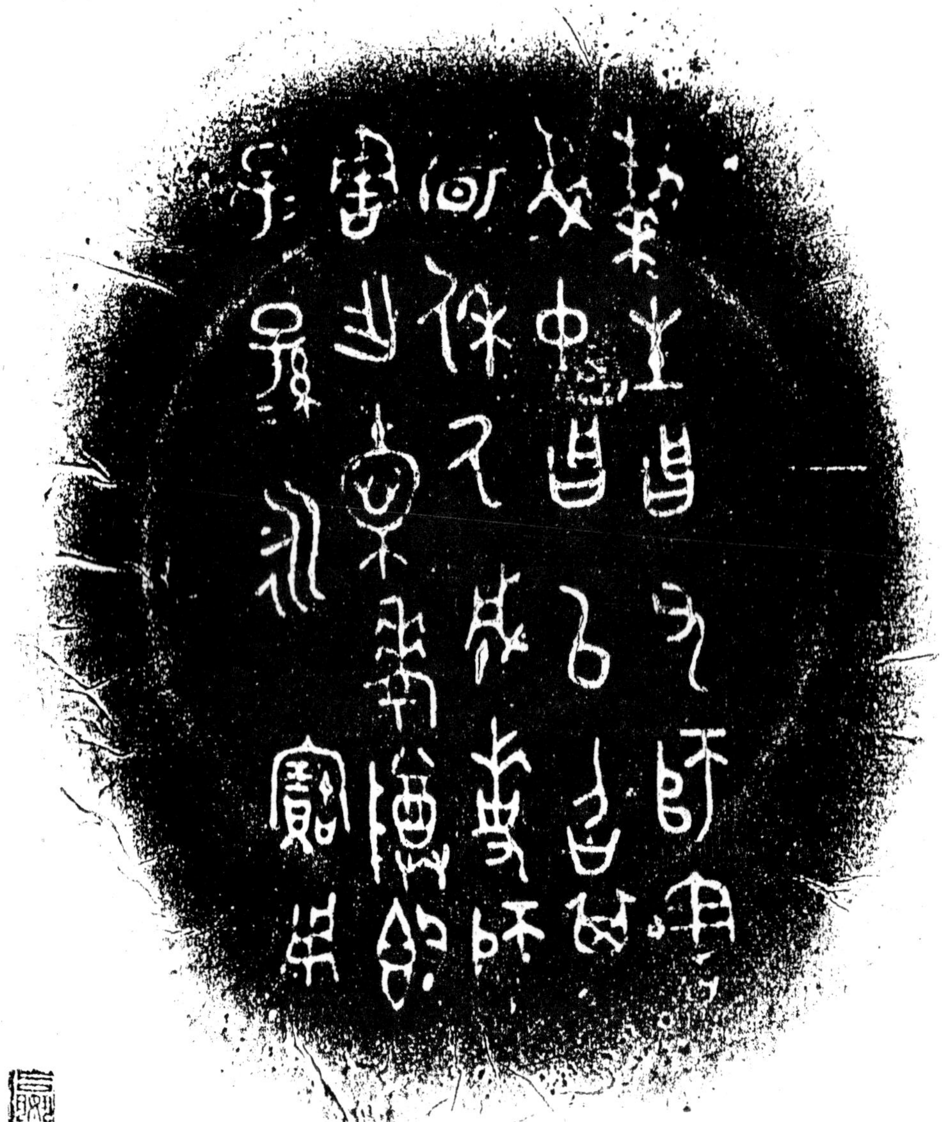

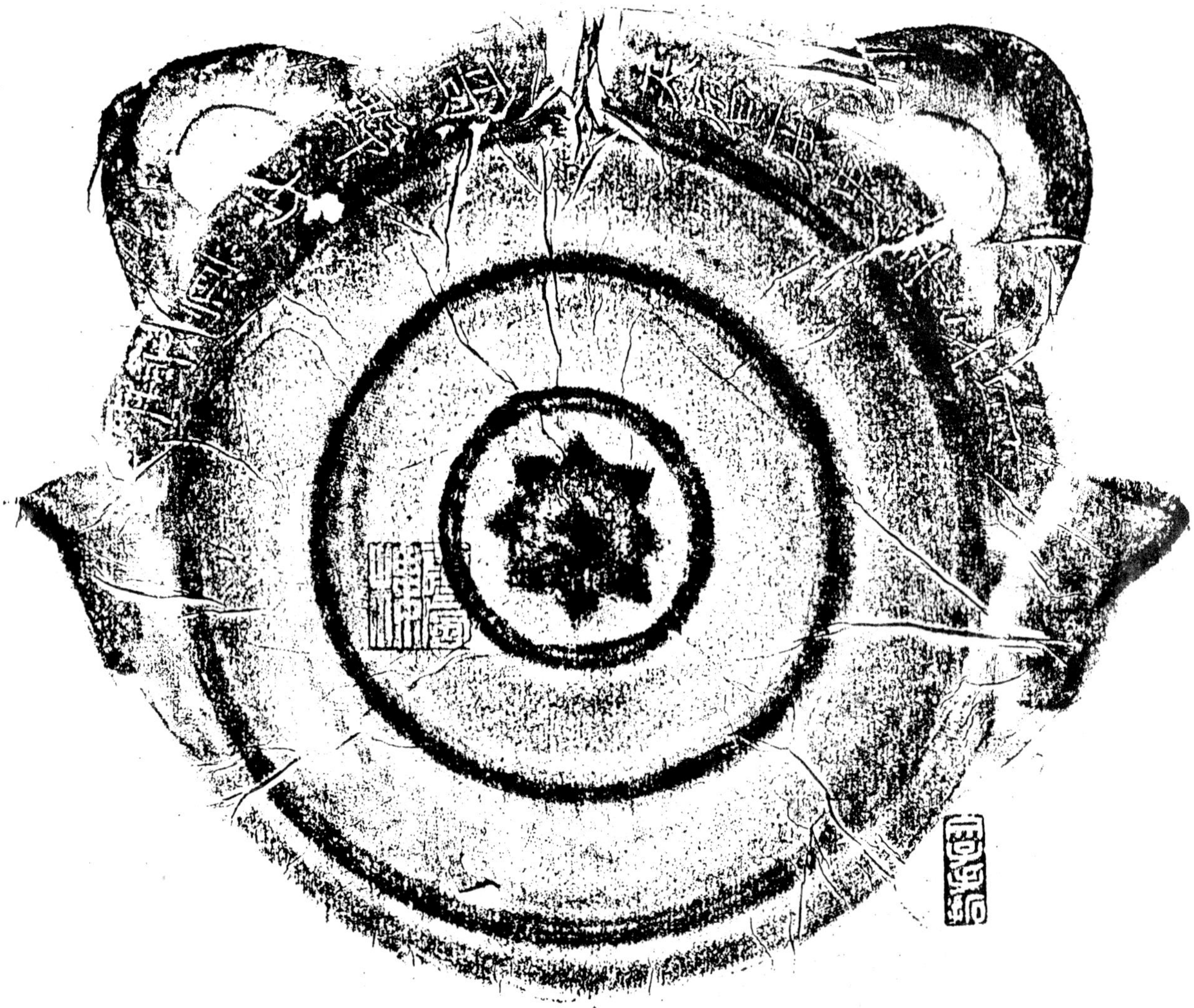

羅丈藏先伯父手拓

寶室鐘

據羅文振玉考此亦克鐘金文未著錄

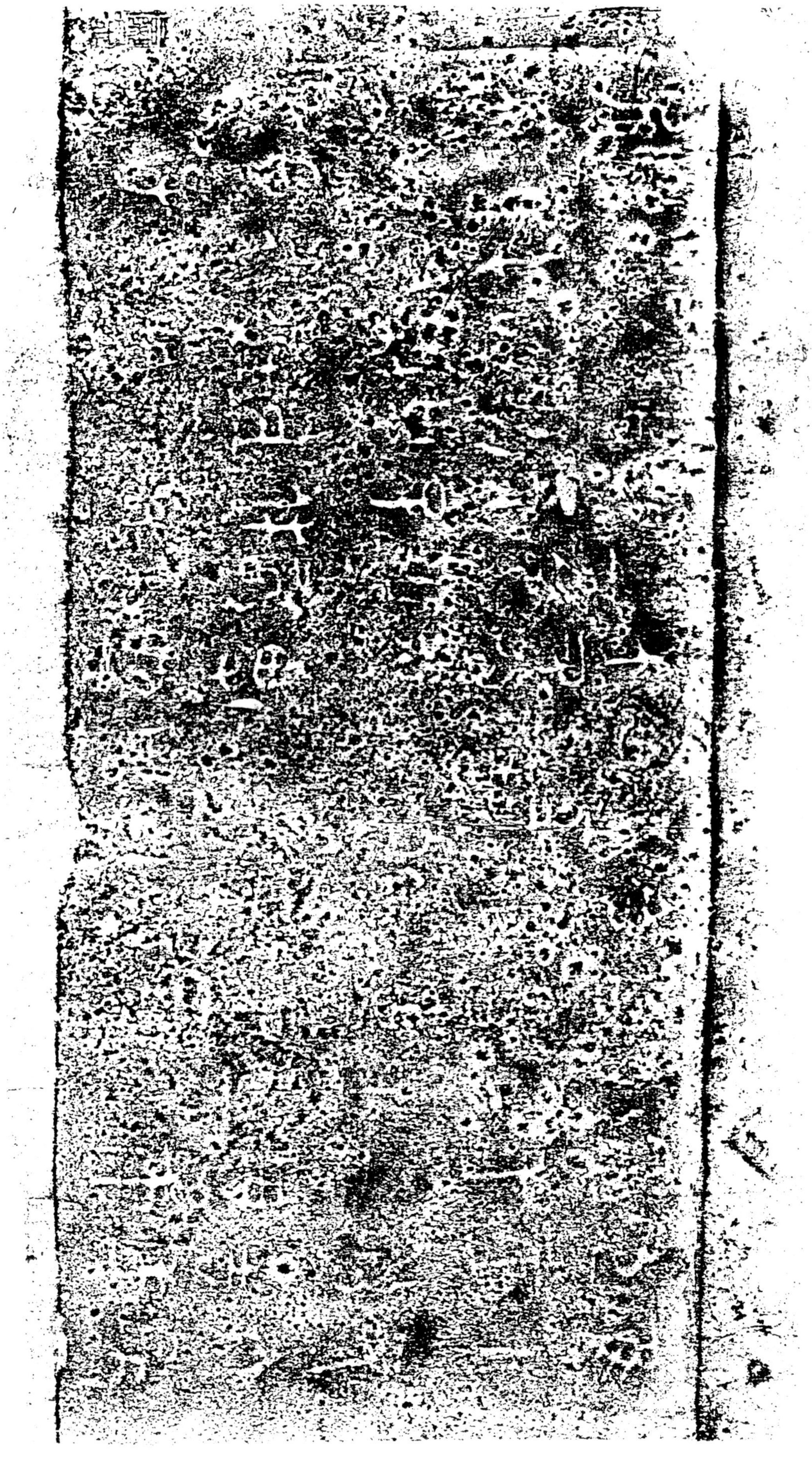

虢叔旅匜

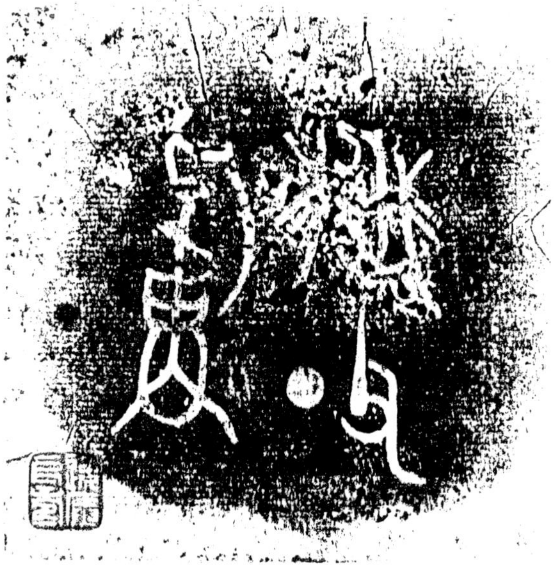

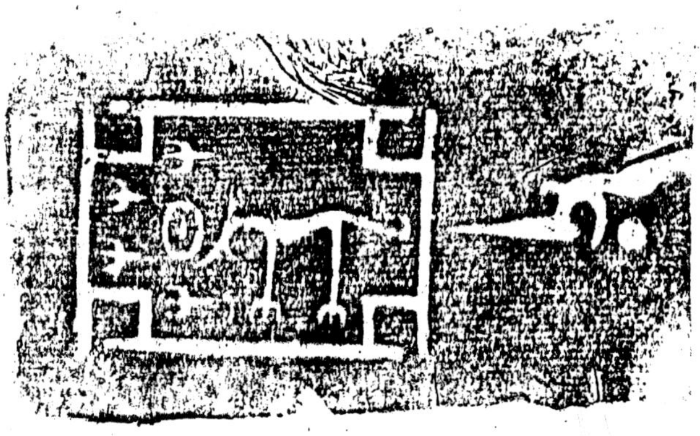

商丘旅匜

君夫𣪘

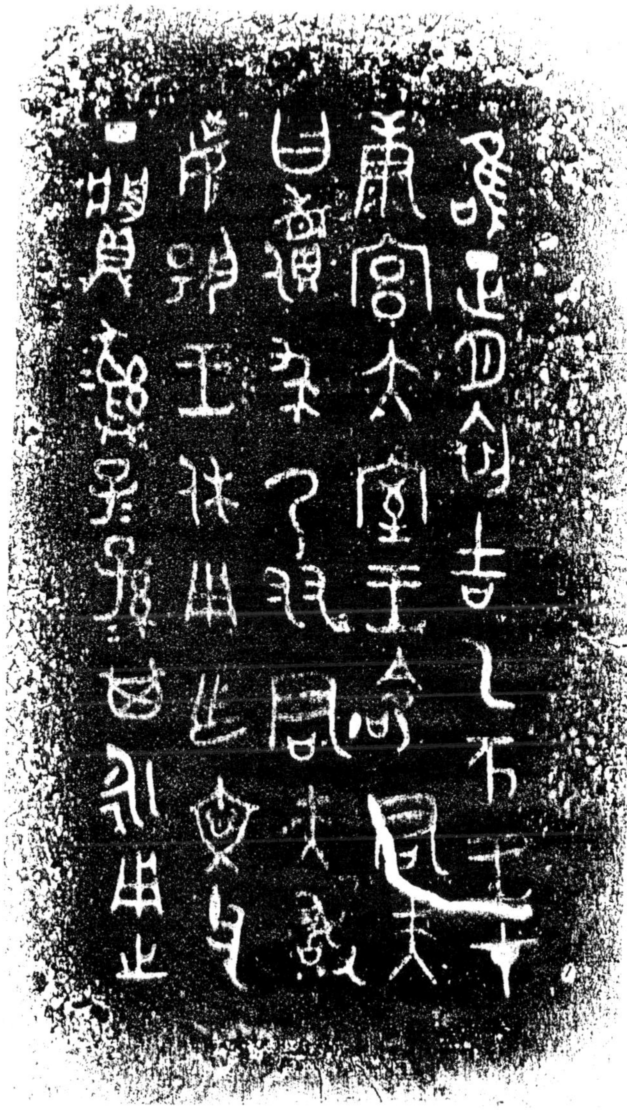

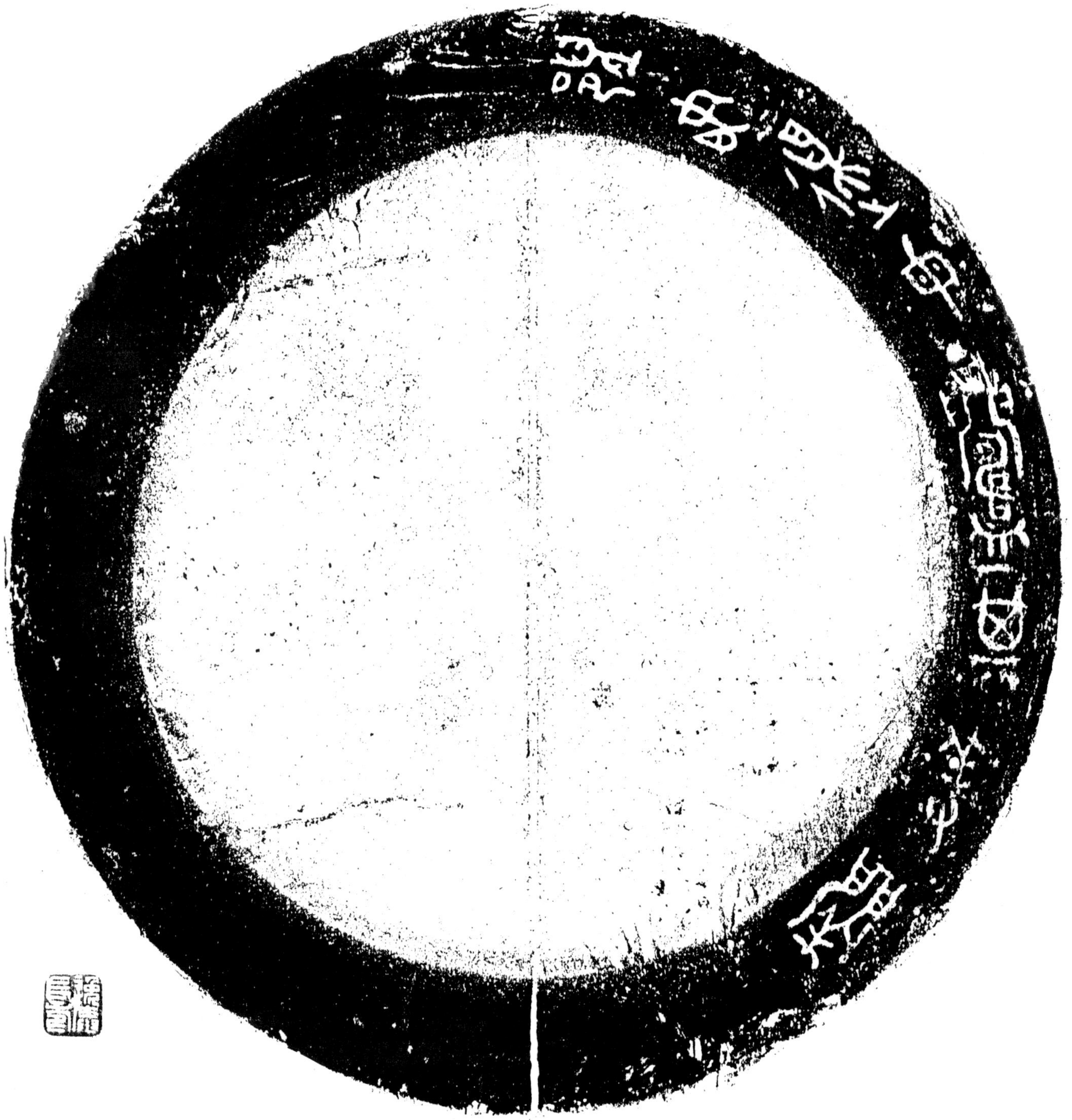

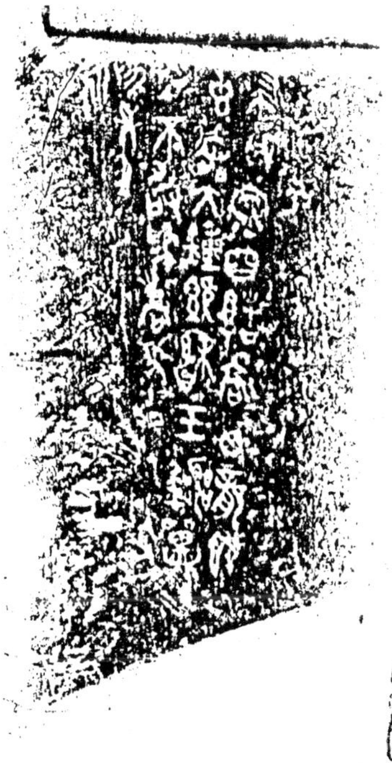

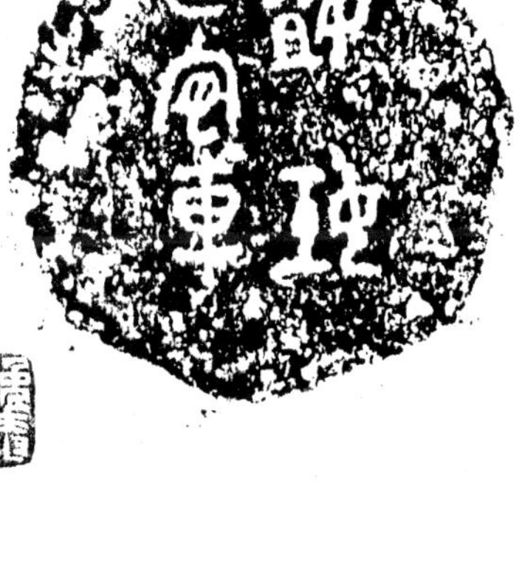

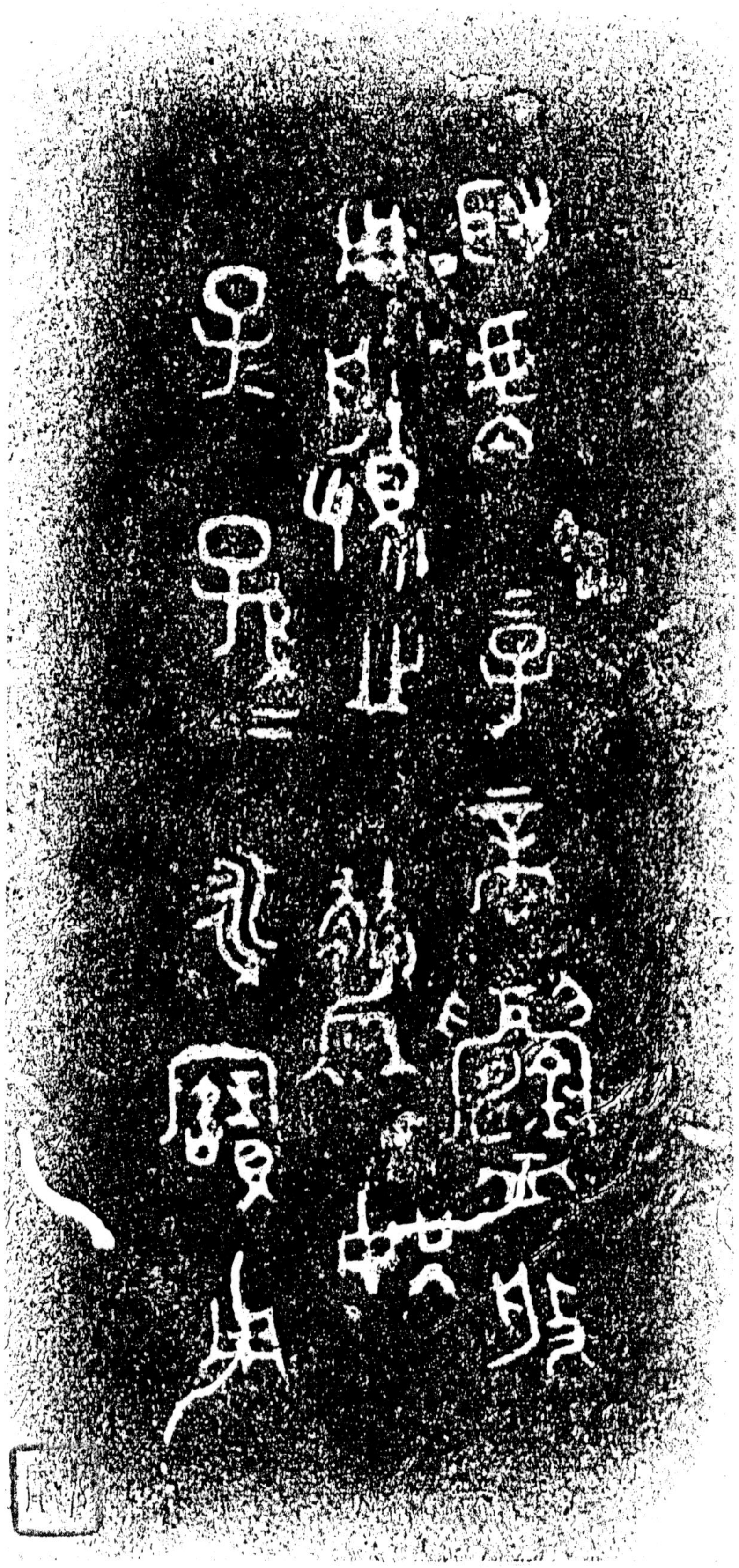

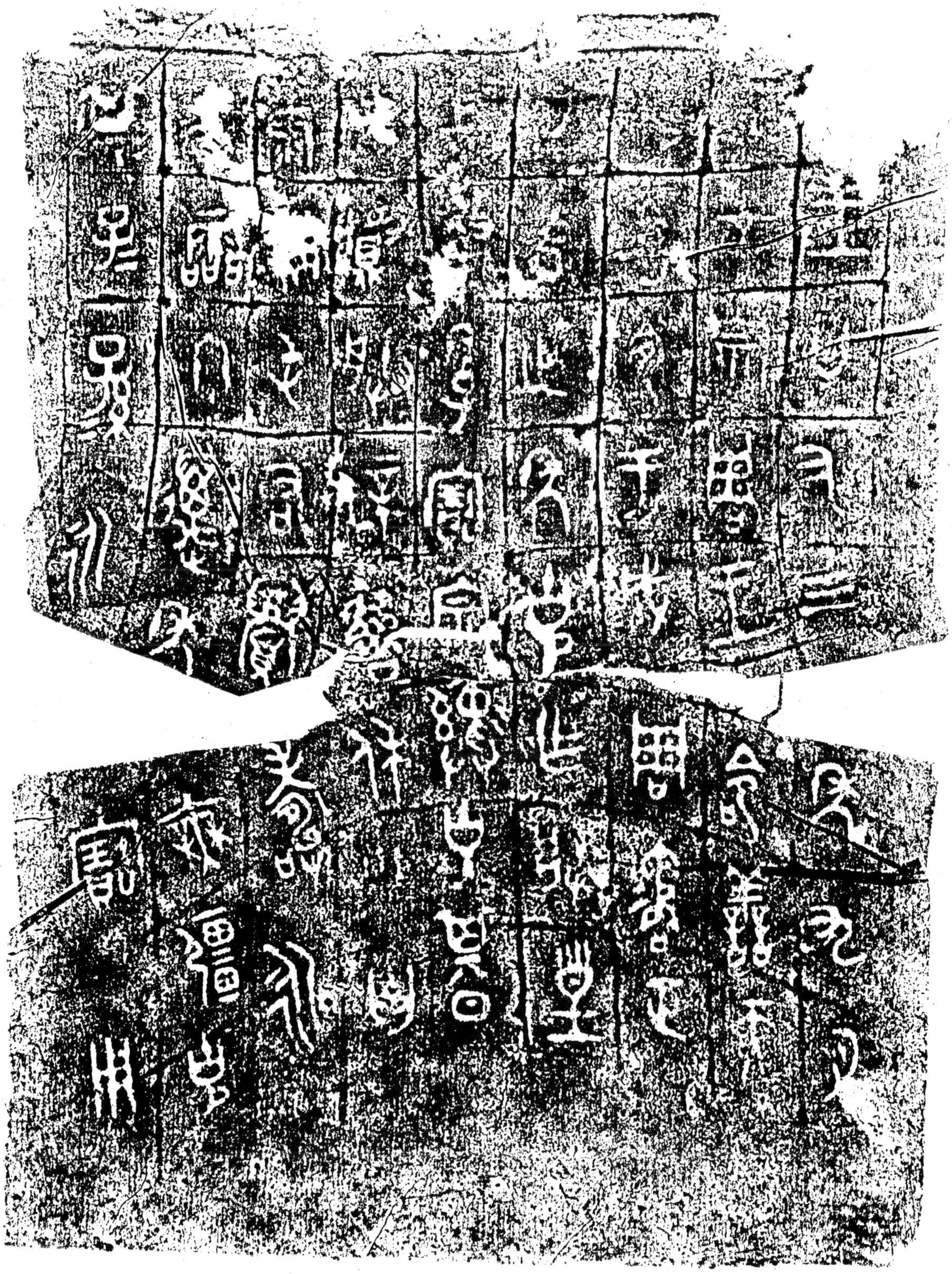

克鼎

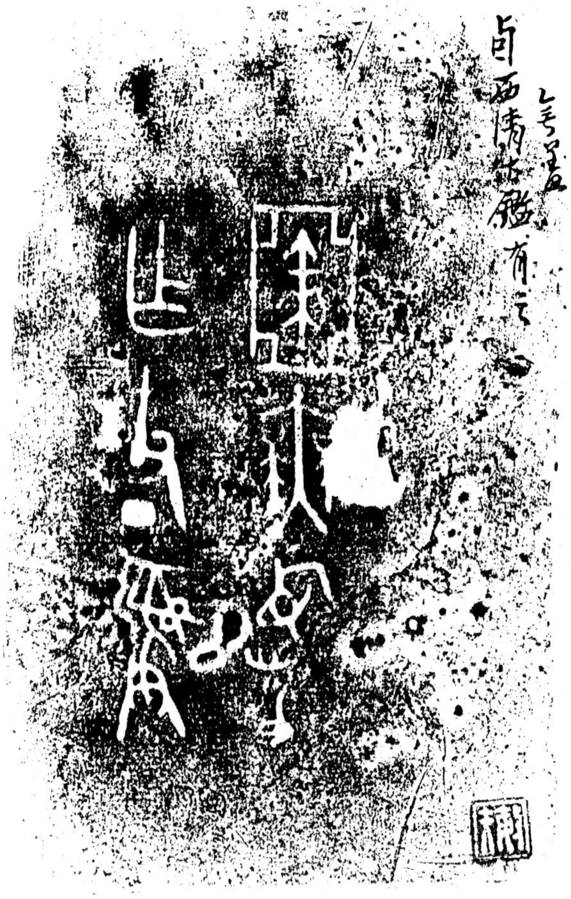

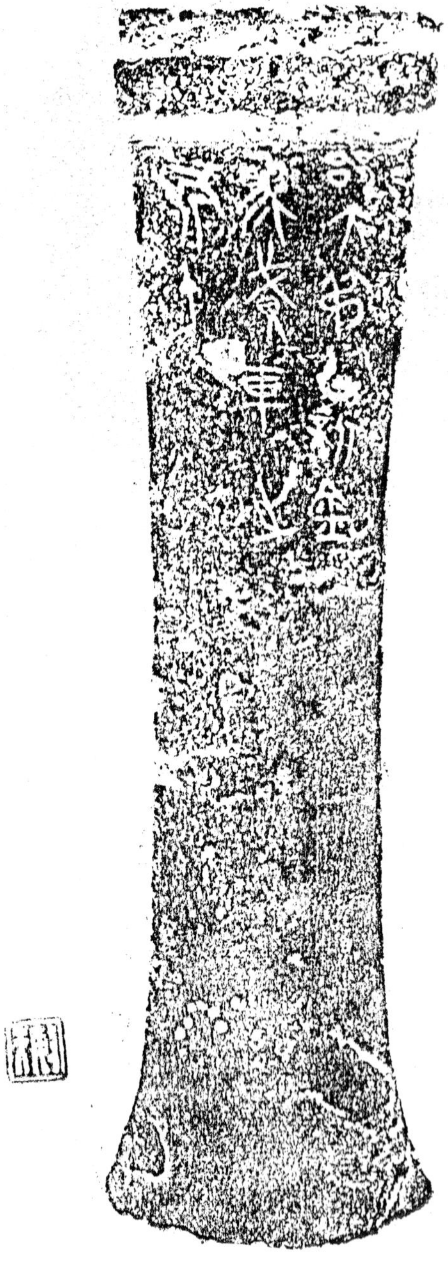

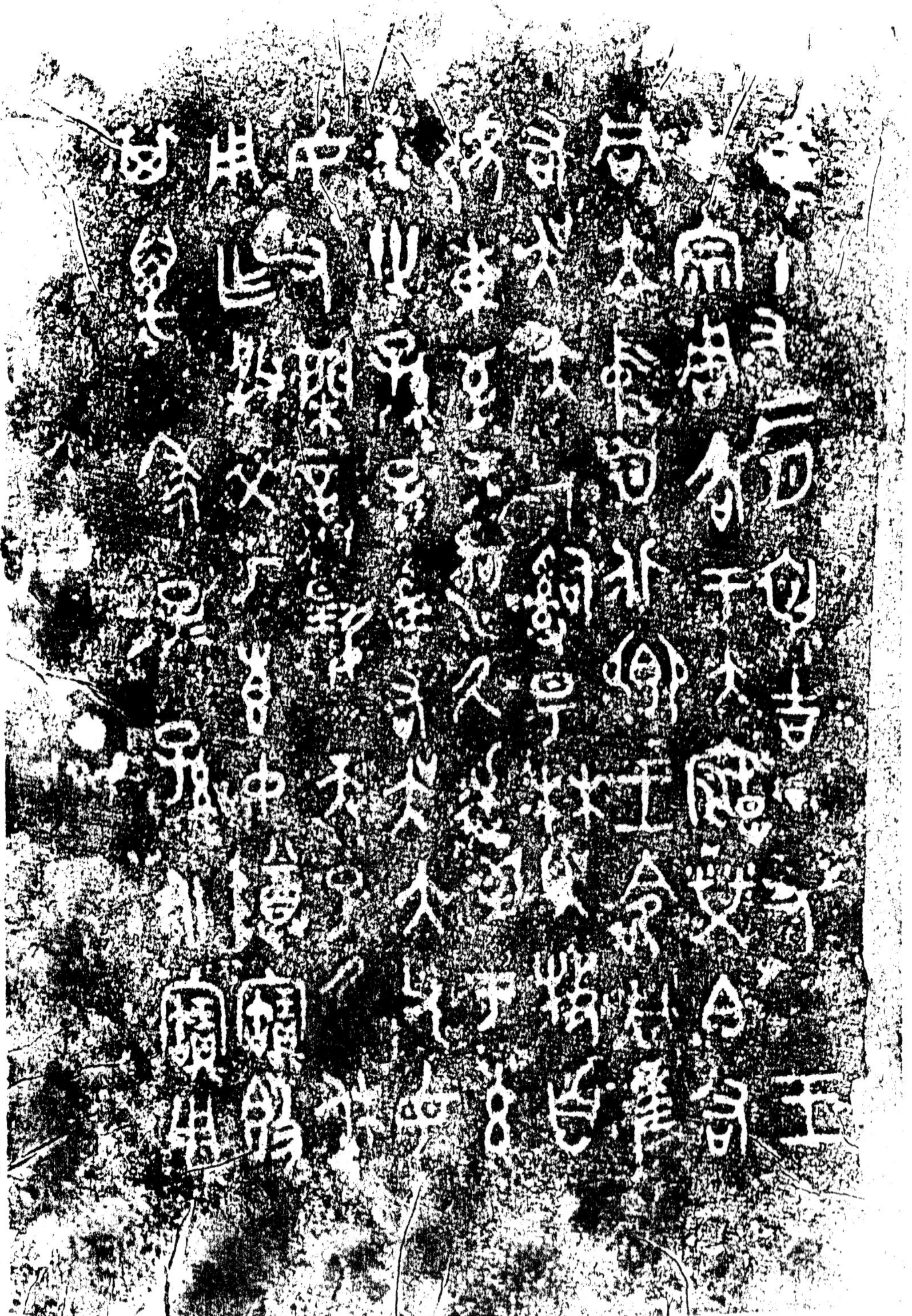

艾伯𣪘

艾字 見卯敦

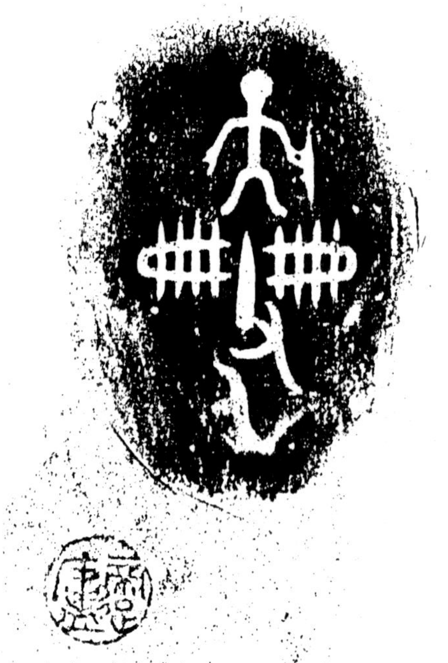

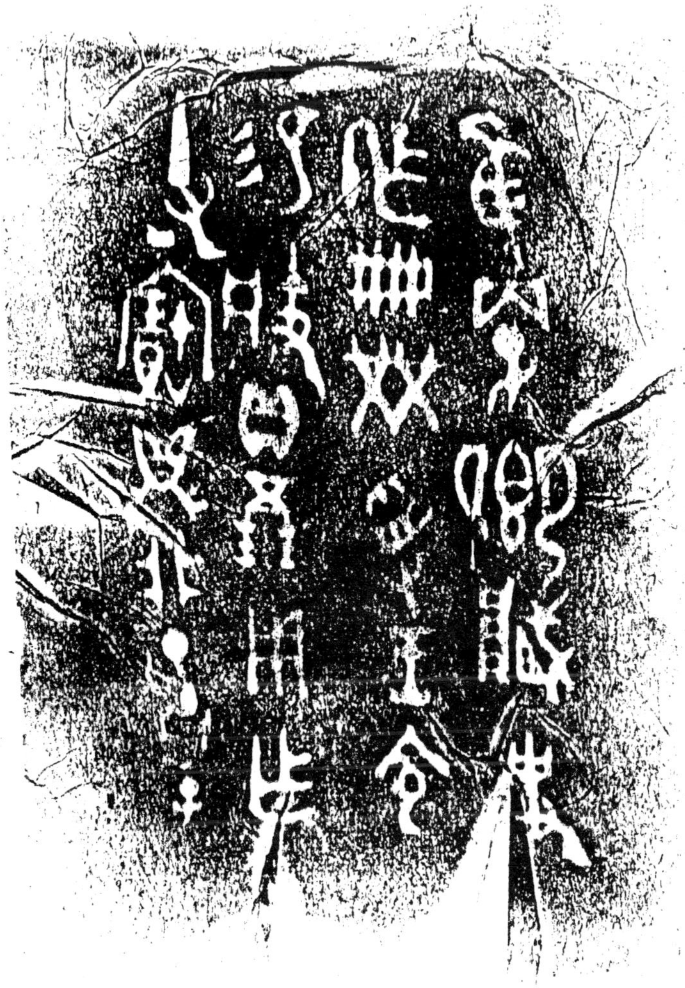

叔向癸寶尊

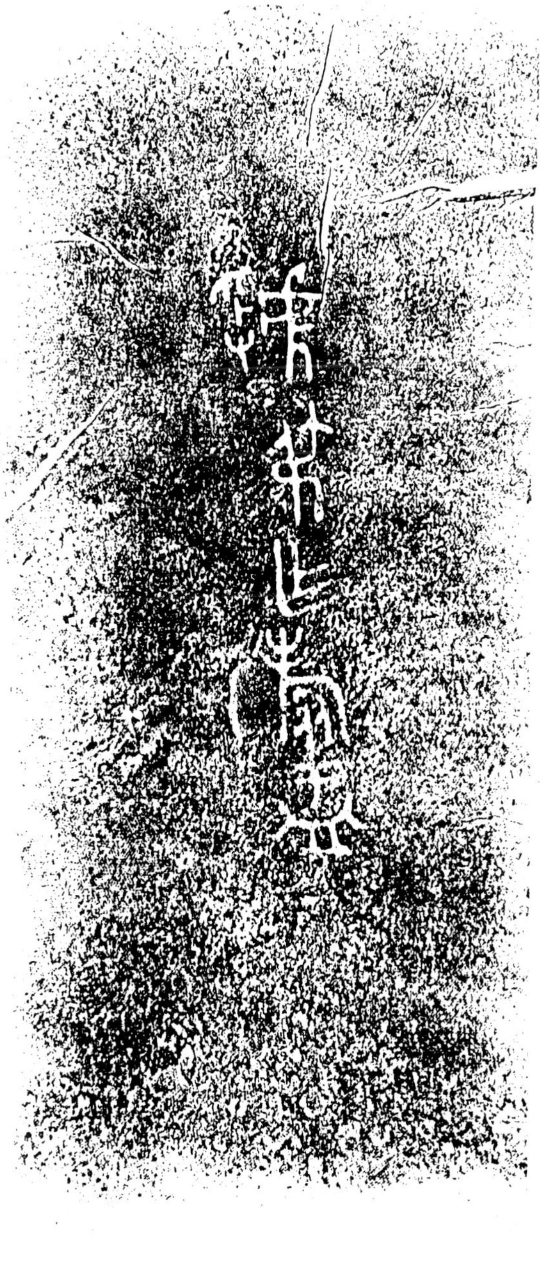

虢叔旅盂

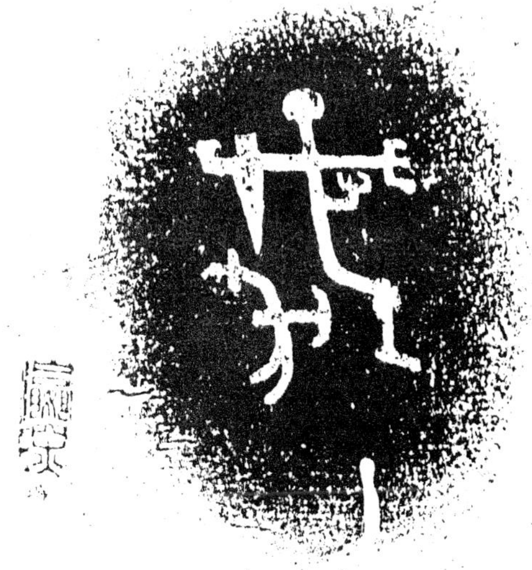

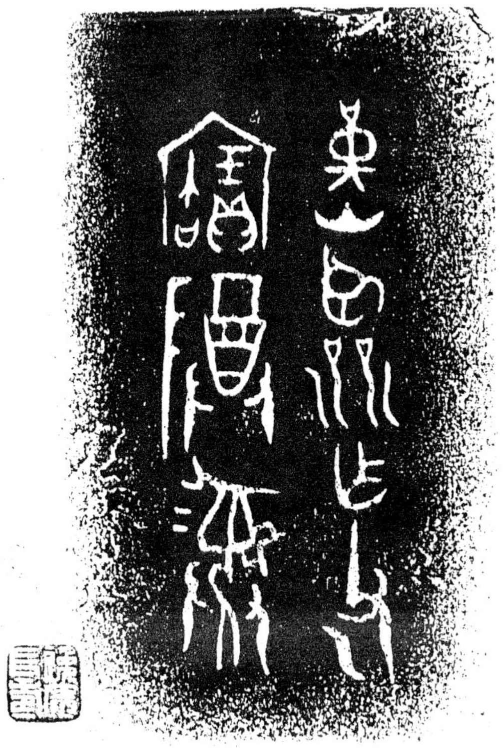

師嫠簋銘文（摹本）

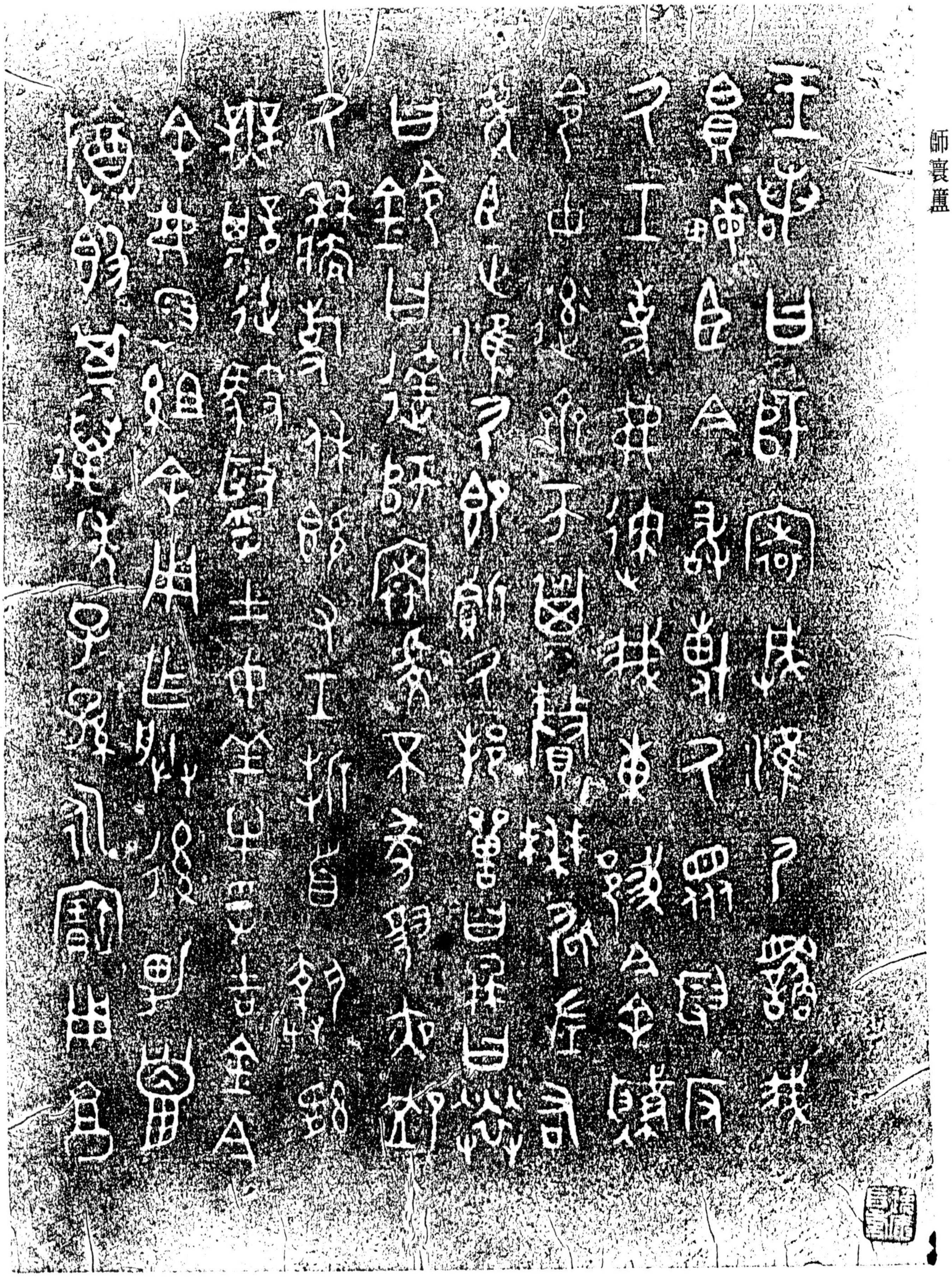

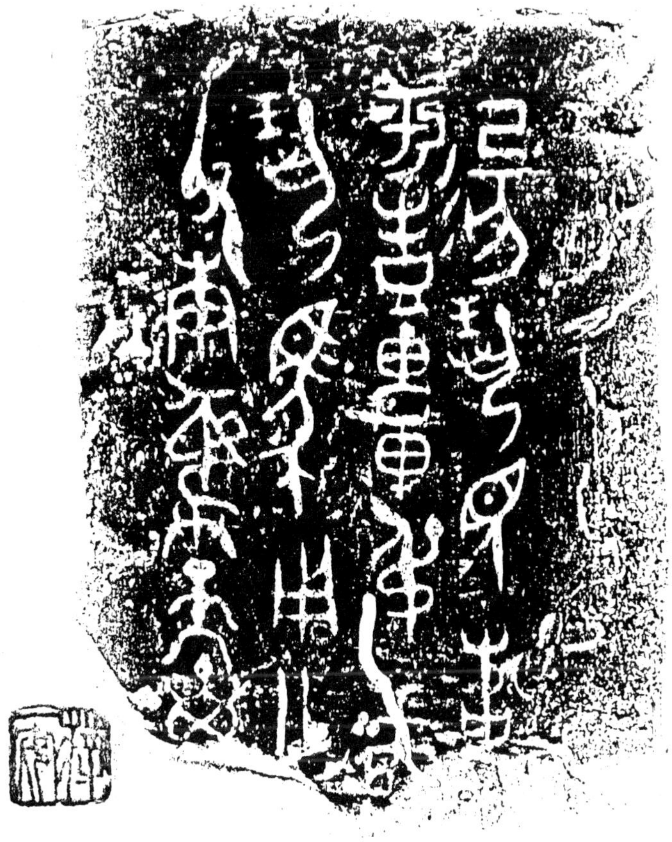

伯魚彝

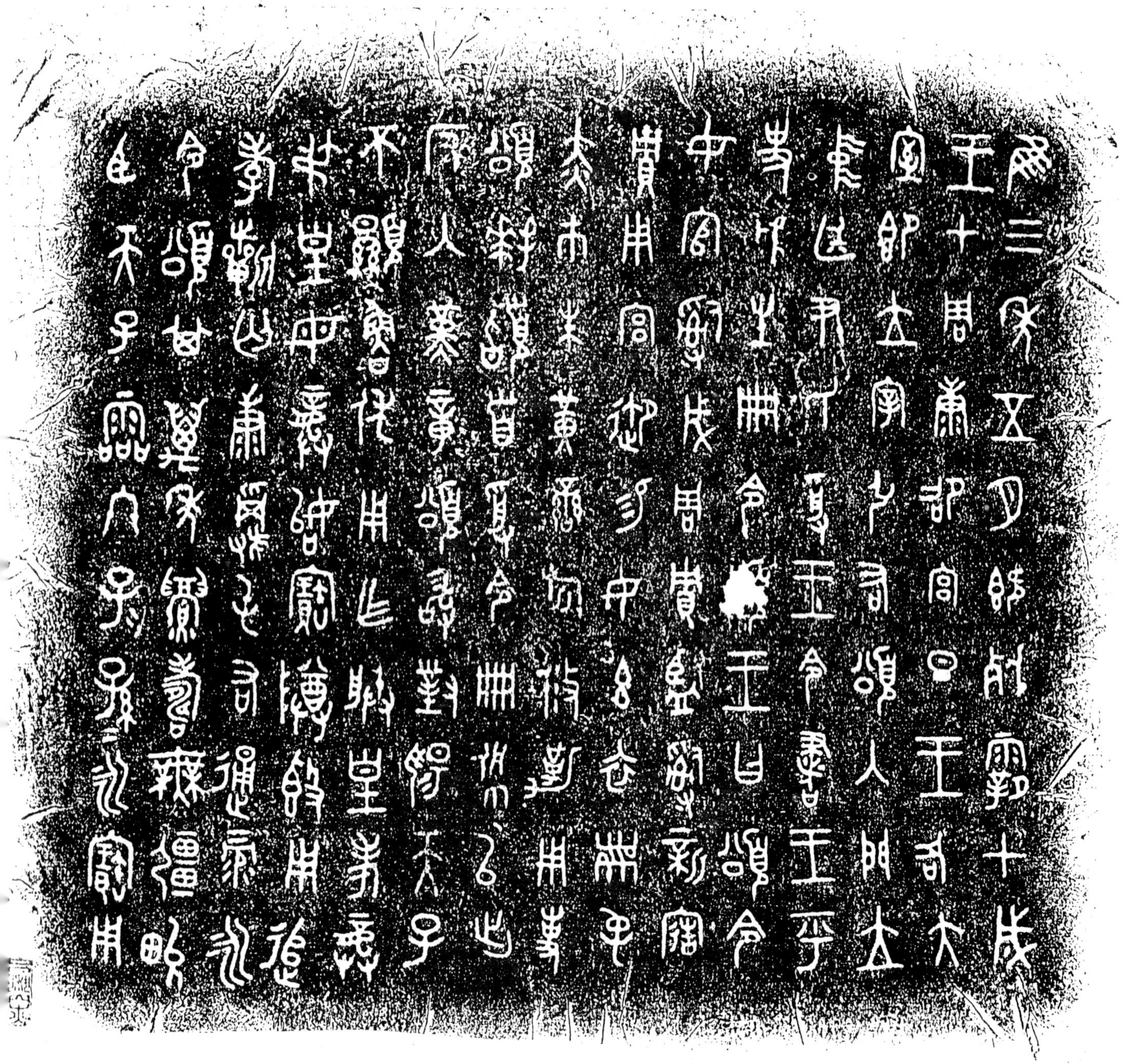

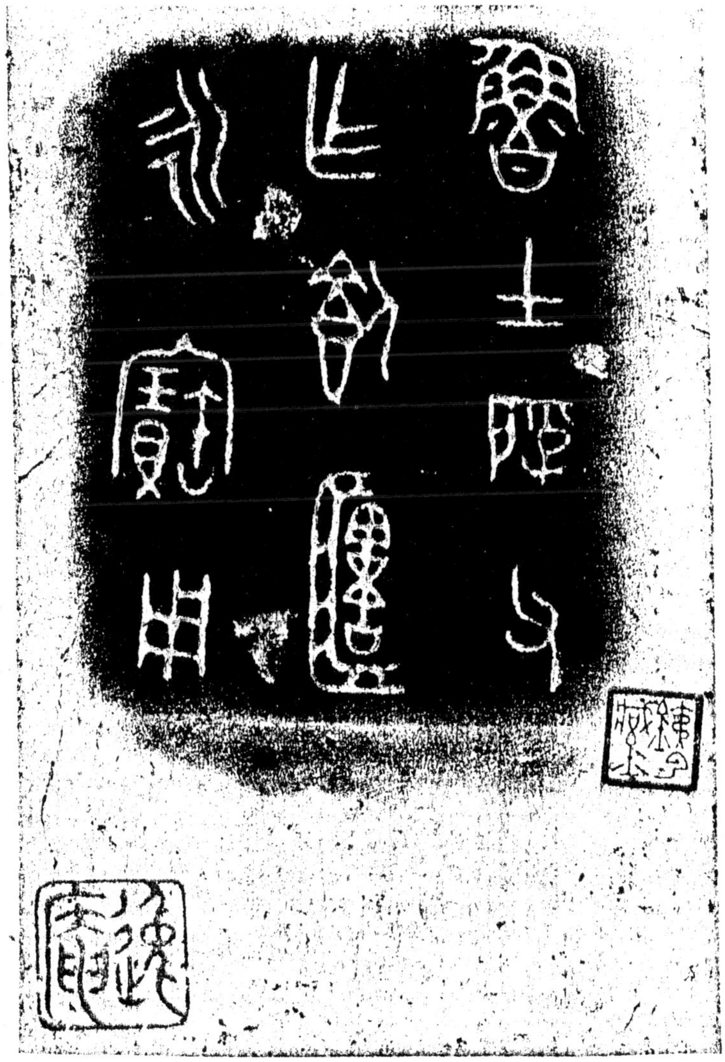

魯士簠

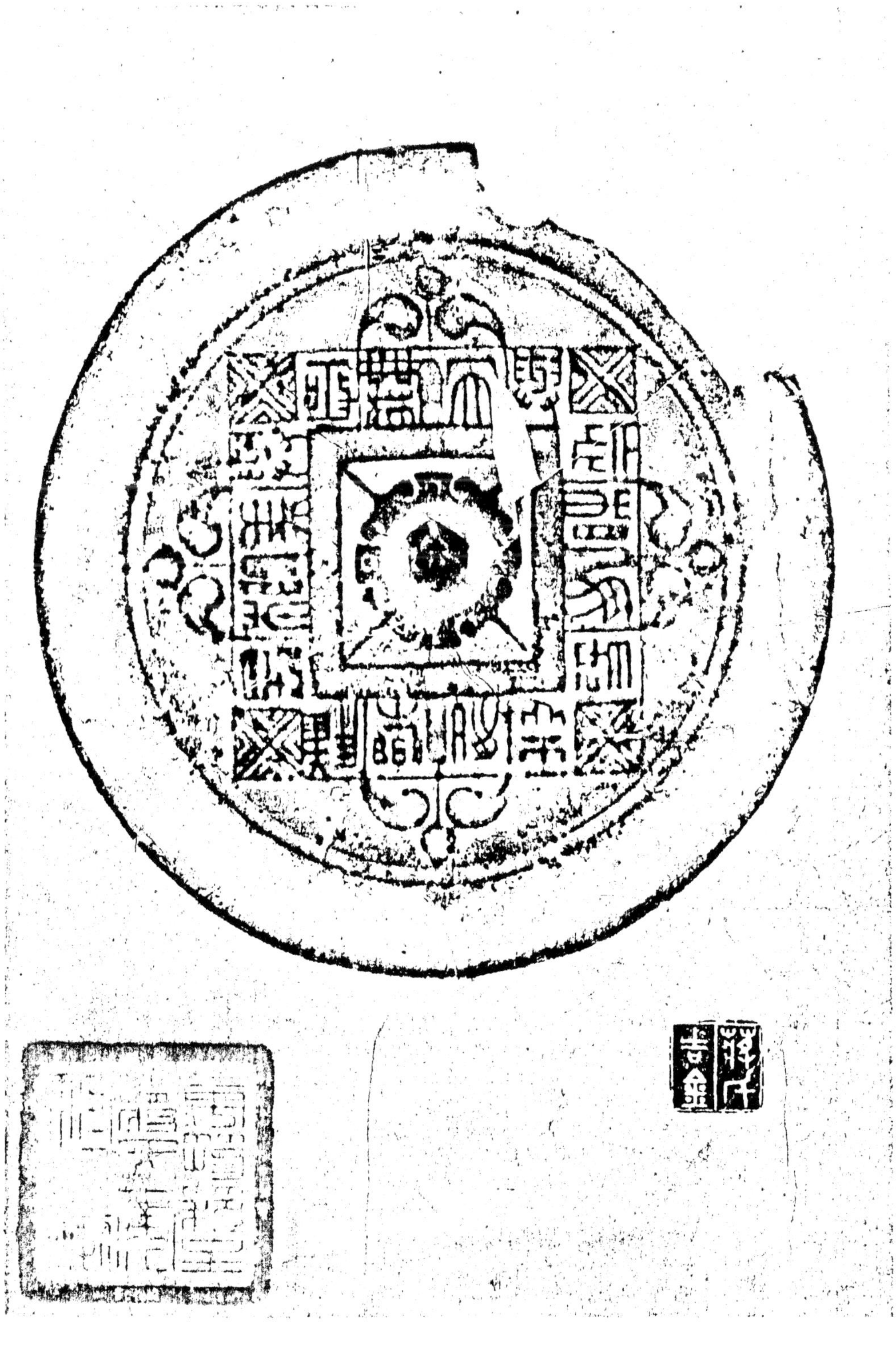

此斧藏河南龐氏
上象龜形下象犬牛
豚形兩人物未之見
古器也借拓數紙以
其一贈 籌公 丁未十
一月寒中記

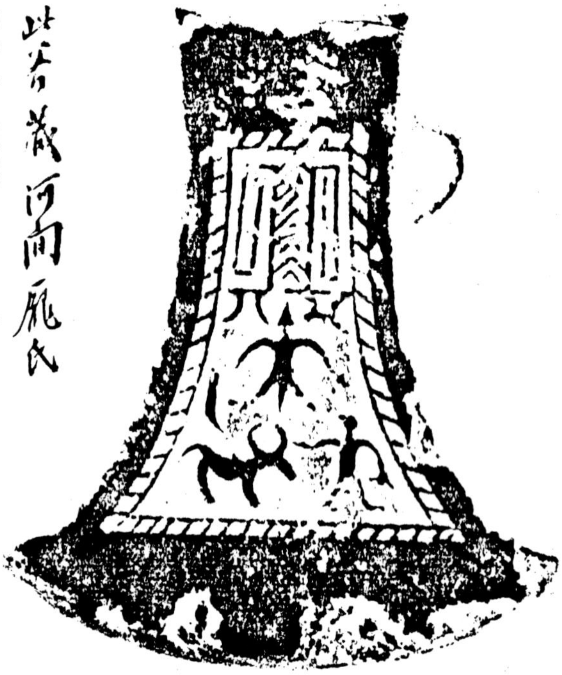

漢罌口上字
丁未正月八日手搨

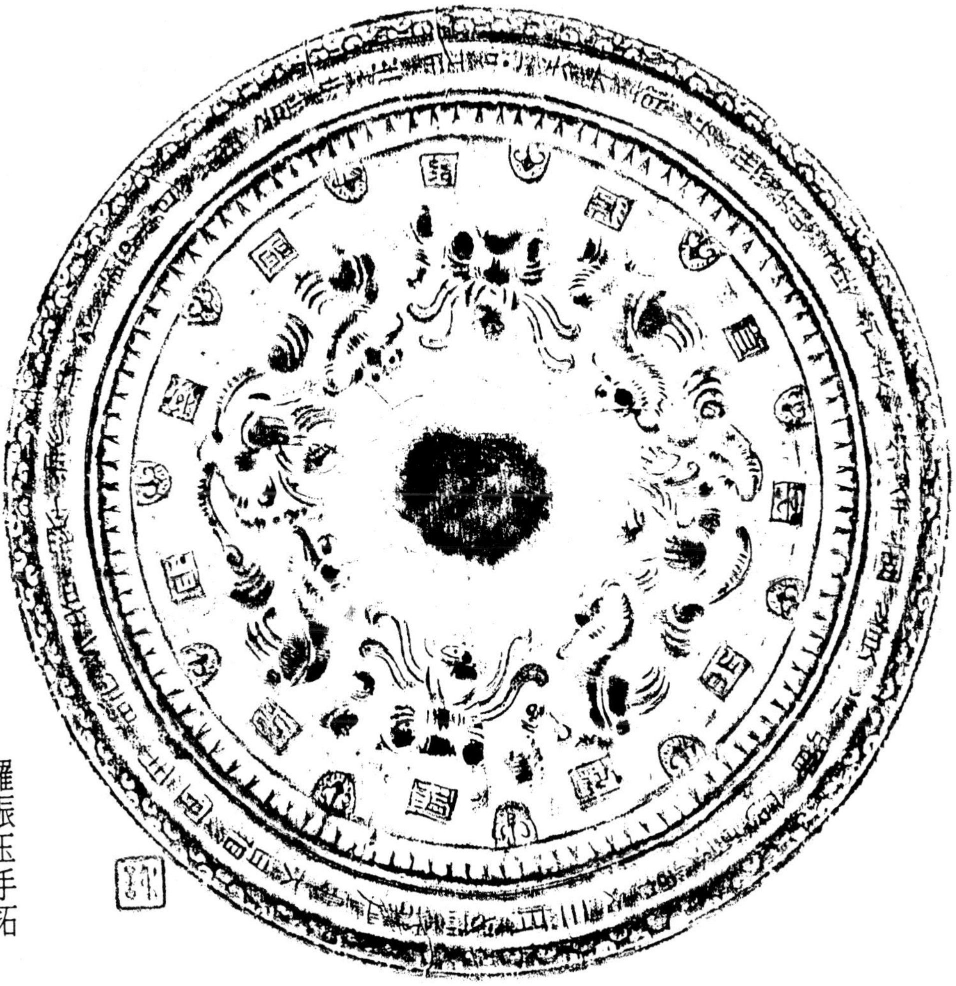

羅振玉手拓

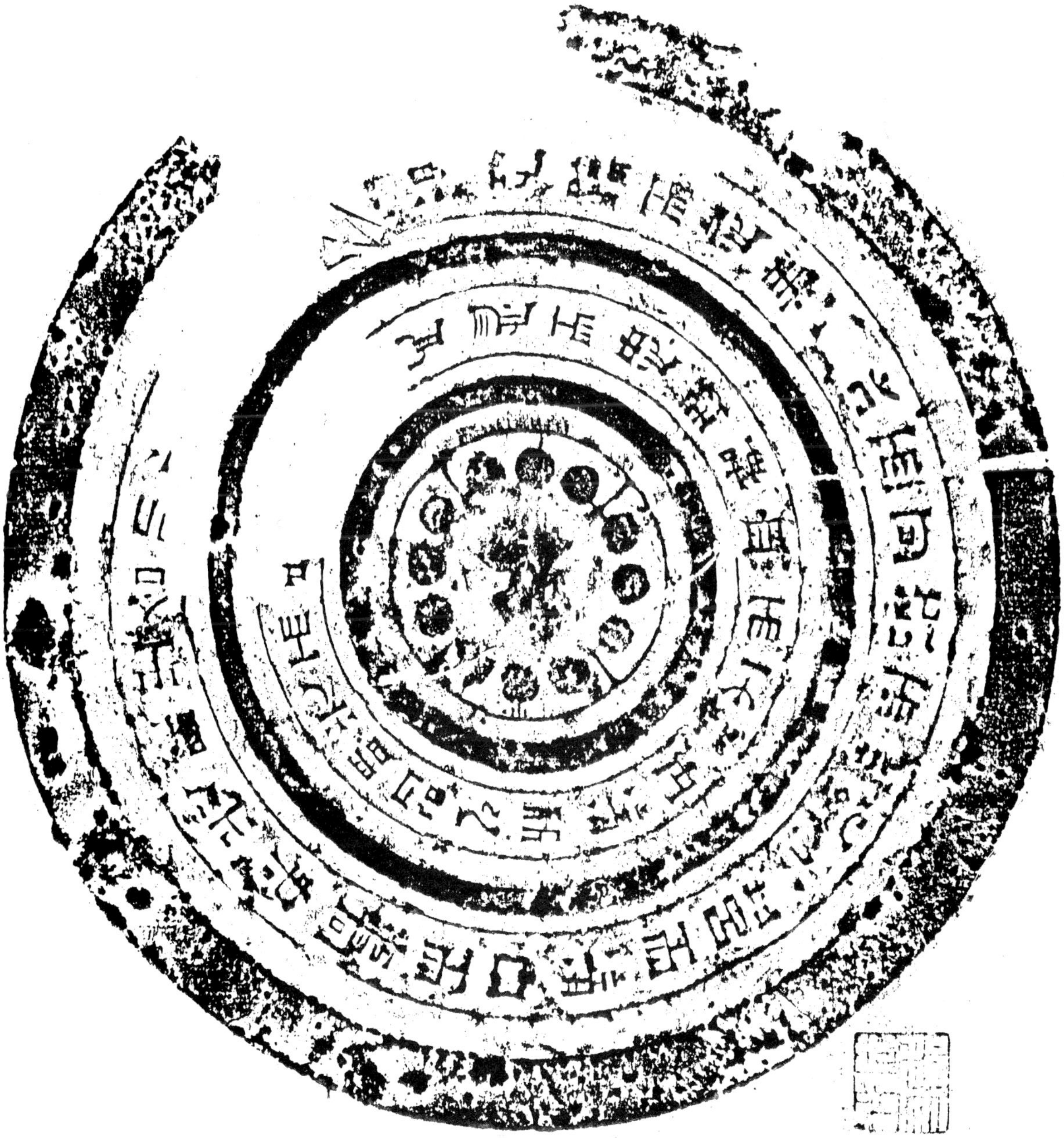

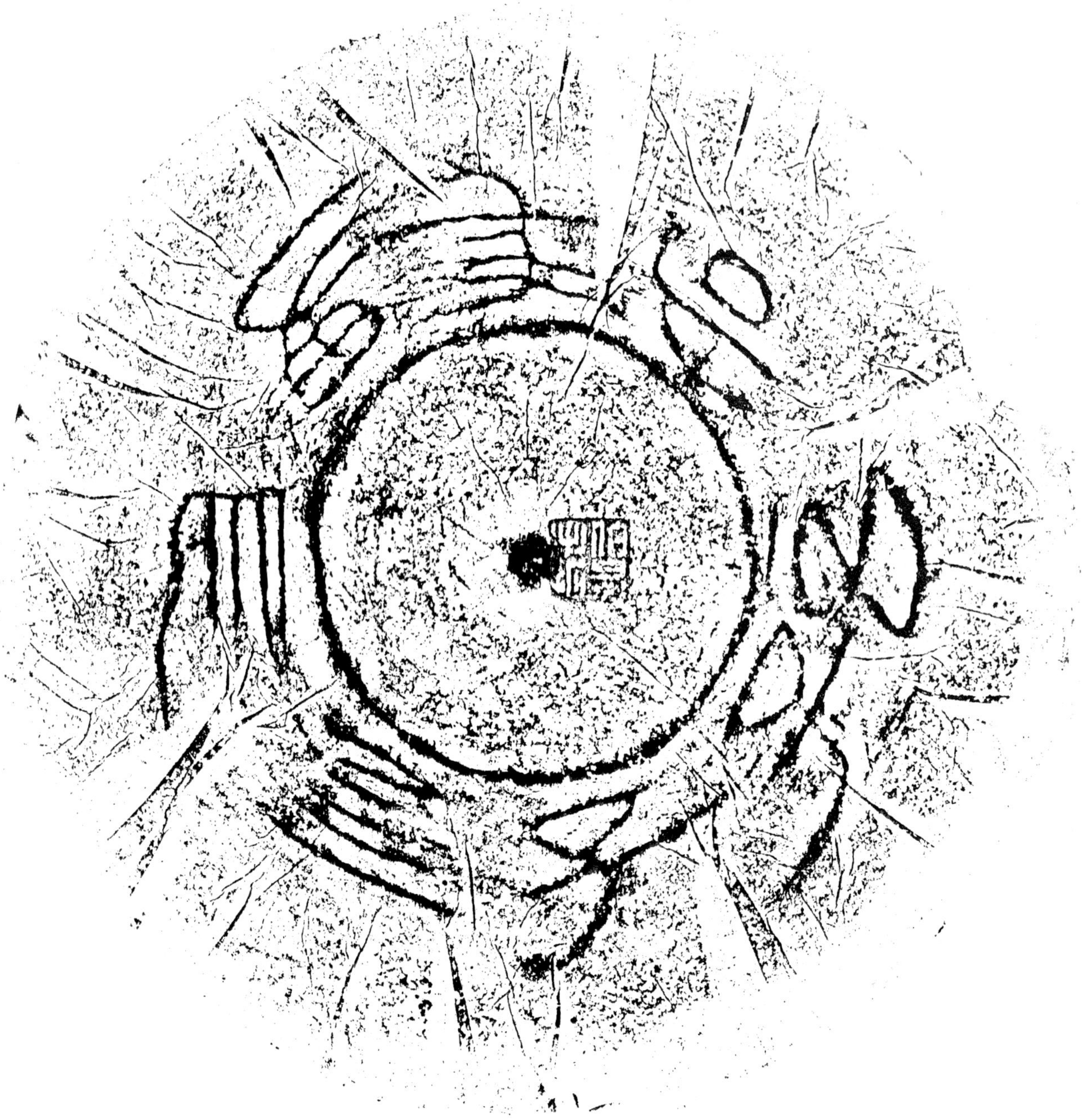

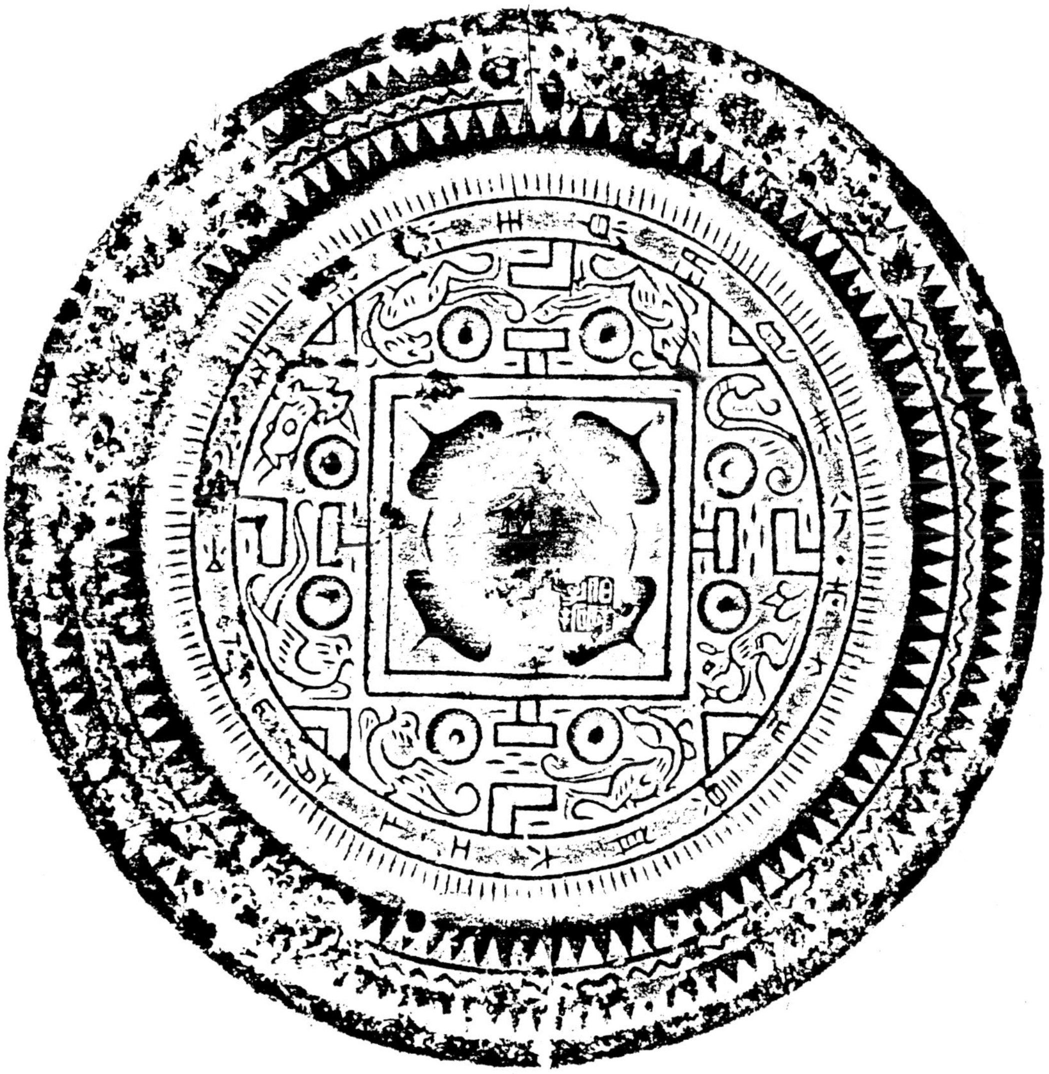

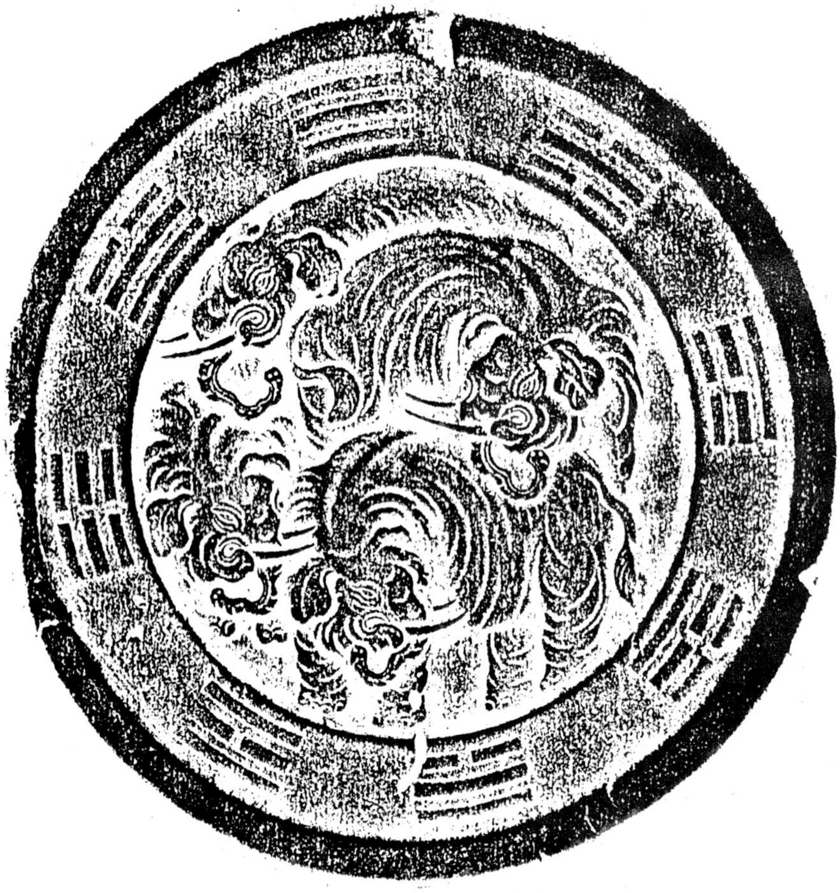

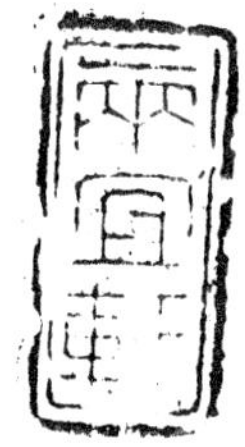

人月圓　題漢宮破竟拓本

如花顏色天然照謾緣趙蛾眉彩

雲易散頗黎更脆今古同悲

阿誰鑄代漢皇身手補就天衣團

圓入握盈盈不語應莫相違

鄭化倚聲

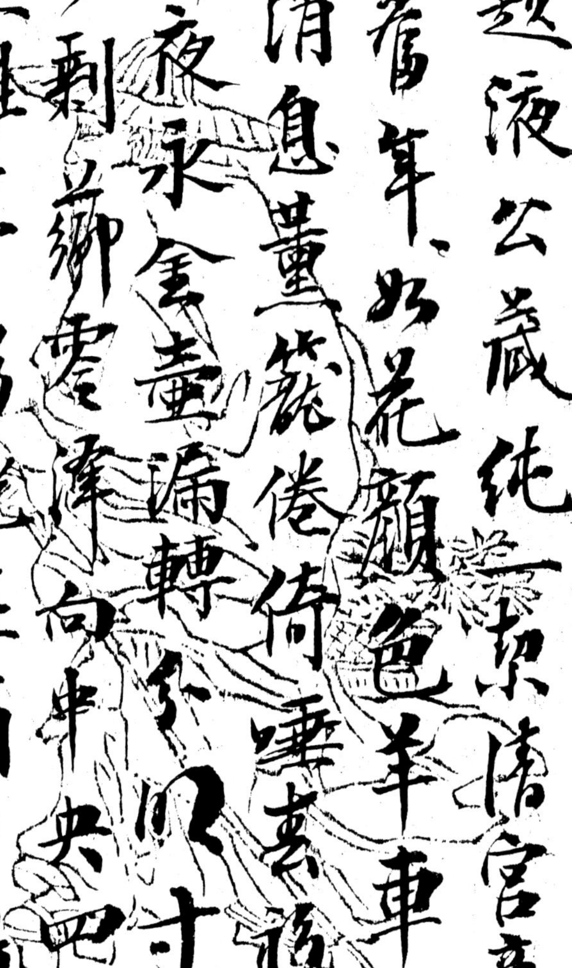

漢宮春　題液公藏紈扇清宮覓
姝水無塵照當年、如花顏色羊車路
迴向故鈿釵消息畫簾倦倚唾壺殘石
華　凝碧拚夜永金壺漏轉分明寸心
貞白　摩挲剩薌零澤向中央四角
幾經細繹迷離幻夢影恍在箇中傳出
秦台鳳渺鎮靈空睠人蒐蒐誰与付與
驩邊眼看管淚痕狼籍　後宮
鄭佖

中華民國國民大會
The National Assembly
Taipei, Taiwan.
Republic Of China

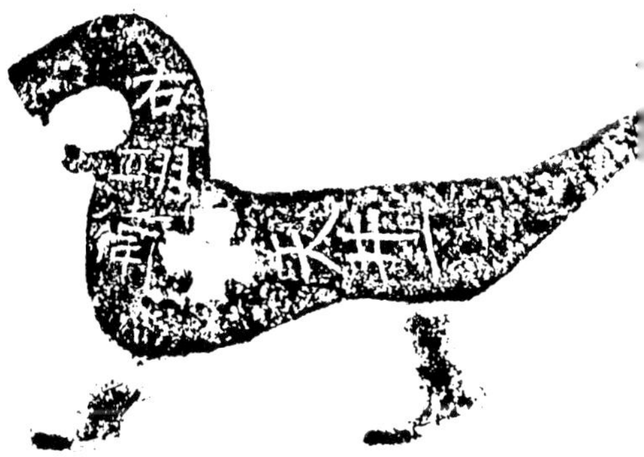

此半兩錢范也按半兩錢秦末亦鑄重如文即八銖漢文帝時亦鑄半兩錢重四銖此范據溥儒大師考訂為漢文帝時代者大陸學者以字畫十分定不未見劉鑒定仍存疑江冷羽李軒 遠厂識

壬子仲夏

唐風廔藏

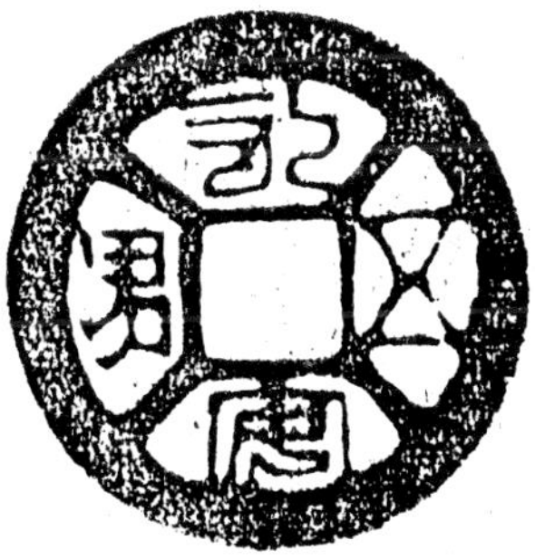

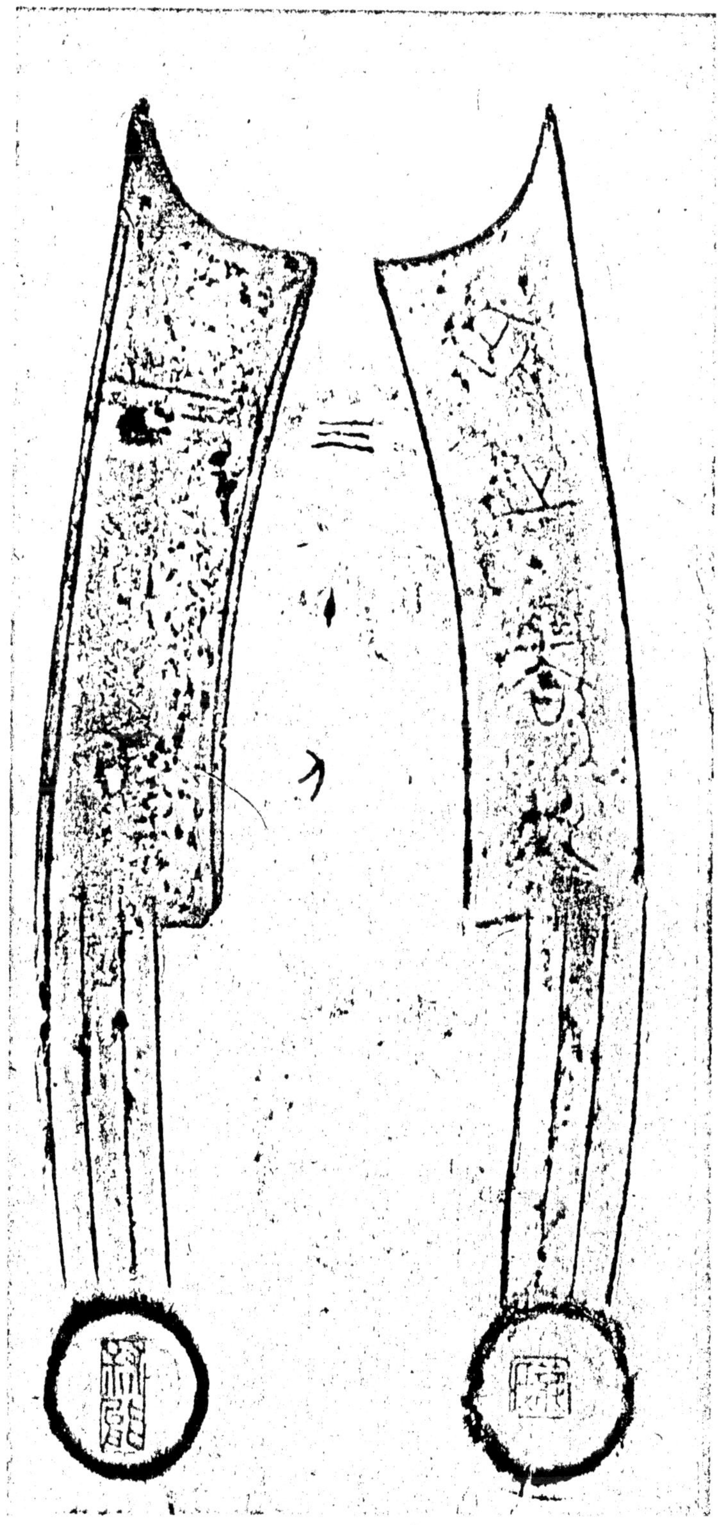

十布中以序布為最少序布之精者尤少嘗見簠齋拓本其序布亦不甚精也此品為吾友羅寒中所藏與余之差布同得於一廠肆者值銀四十員余之差布則二十員也此品偏欹硬綠為予生平所見莽布第一

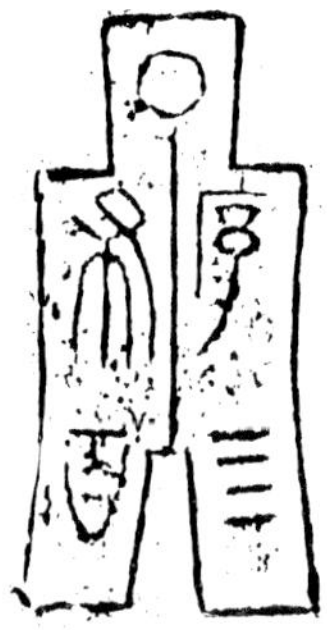

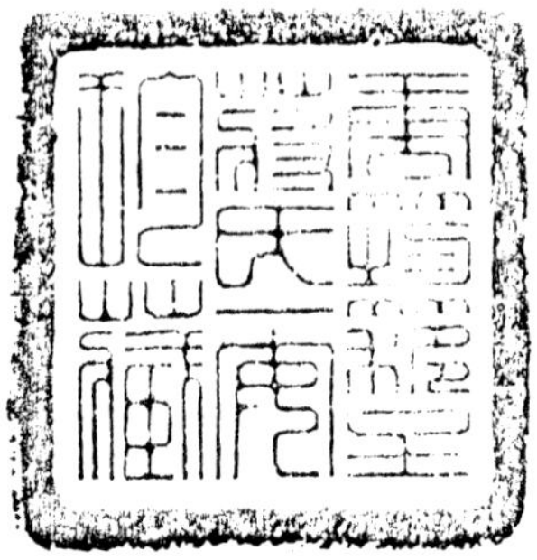

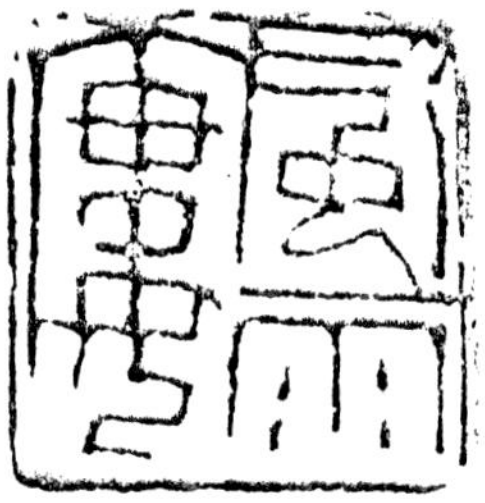

二錢皆羅叔言藏

庚寅春於滬門拜觀畫樓舊藏

光佩 民國六十年時九十有一於北

郎靜山拜觀

許君武筠廬甫拜觀

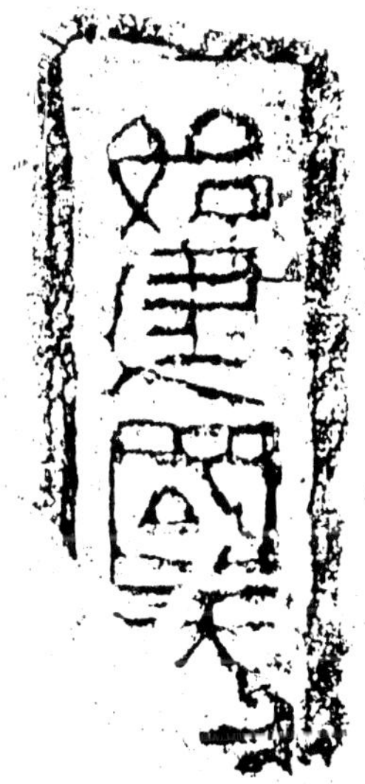

此匙吾友得之滬瀆長約工部尺四寸以形製考之此匙殆以納火藥于銃中者考明史職官志載京師太監所領十二監八局中有兵仗局掌製造軍器火藥司屬之而南京職官中不載十二監八局此匙云南京兵仗局是明代兩京皆有兵仗局何以志未之及意或是南京初年此局當洪熙元年以鄭和下番官軍守備南京時增設之而史失書耶又銃之名今尚用于日本而中國則易名為槍據此知日本尚是沿用中國舊名也此匙寶之二十餘年而間有考古如此丁未正月吾友蔣君文才手拓此紙為書其後 [illegible]

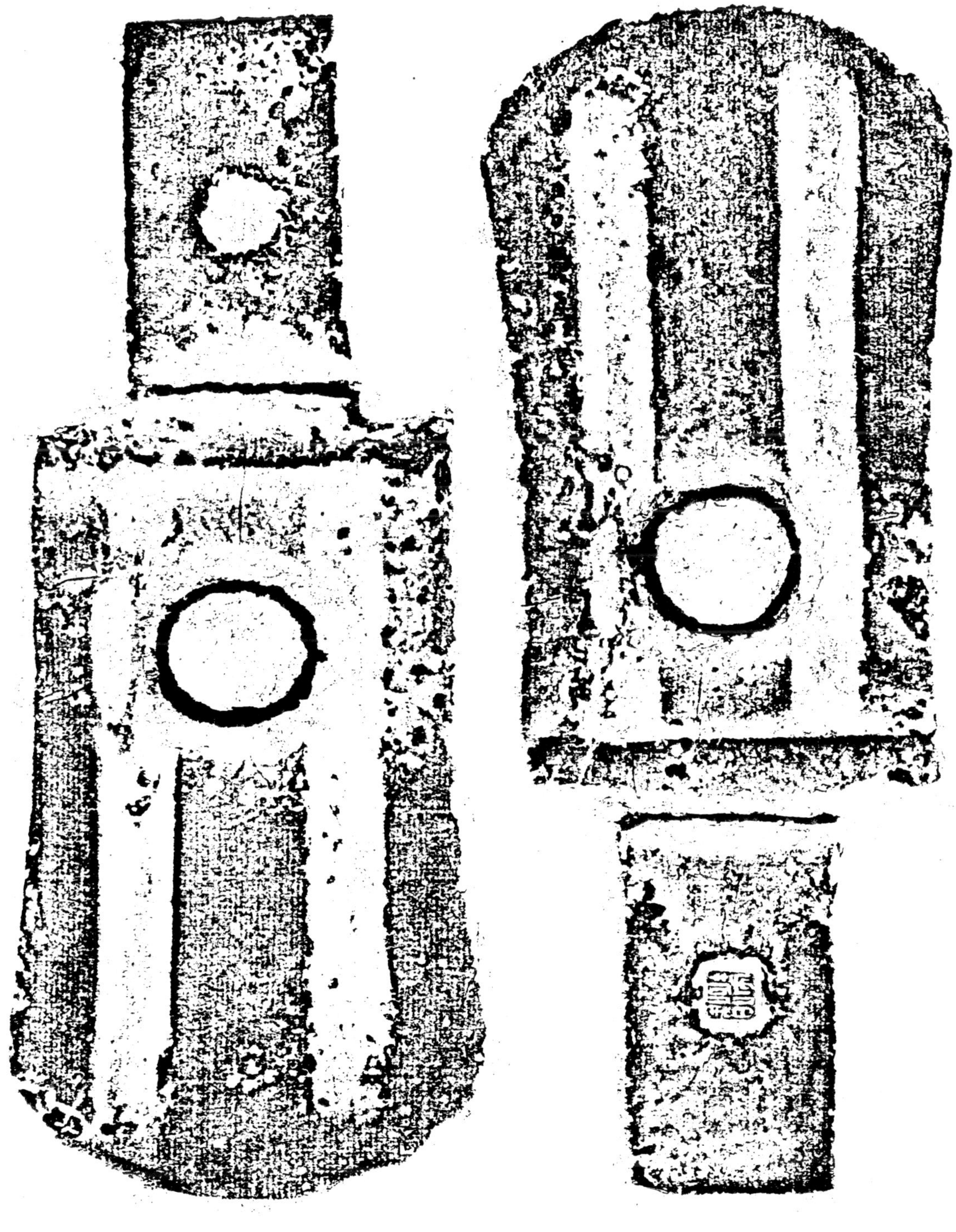

劉

鄭康成顧命注云劉蓋今鑱斧此器身如鑱刃如斧故知爲古之劉也戊申二月記

右蜀漢延熙弩機為羅氏唐風樓所藏款識十字諸家皆未著錄蜀志王平傳以延熙六年於前監軍鎮北大將軍統漢中此識云延熙六年監軍王平特造即其時也按先是蔣琬鎮漢中欲多作舟船由漢沔襲魏以疾未行是年十月琬還住涪乃以平統漢中故平特造戰具欲繼琬之志也其明年春曹爽等率衆向漢中諸將不敢與抗平力排衆議分兵拒戰魏兵引退此平所策觀其攙拜新命即治軍實有備無患以逸待勞宜其臨大敵而整暇也史稱是時平與鄧芝馬忠咸著名迹良非虛譽蜀漢建國速年動衆未遑文治金石刻畫闕録無聞是機銅質精好字體謹嚴猶有漢京遺意直百五銖之外此為碩果矣丁未歲首二日拓竟并記

張伯雅墓石闕

97

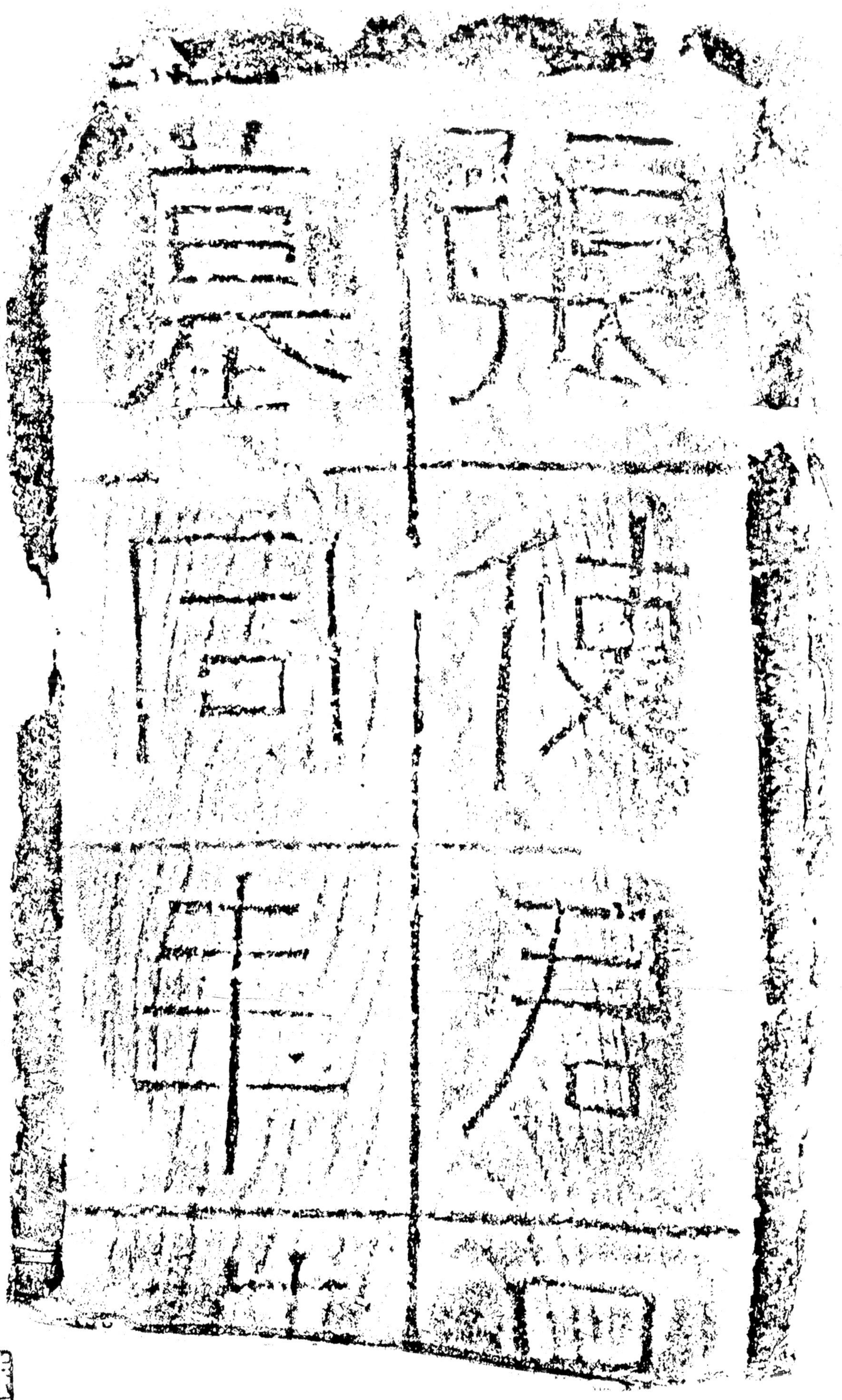

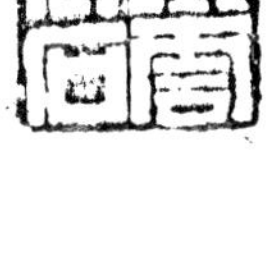

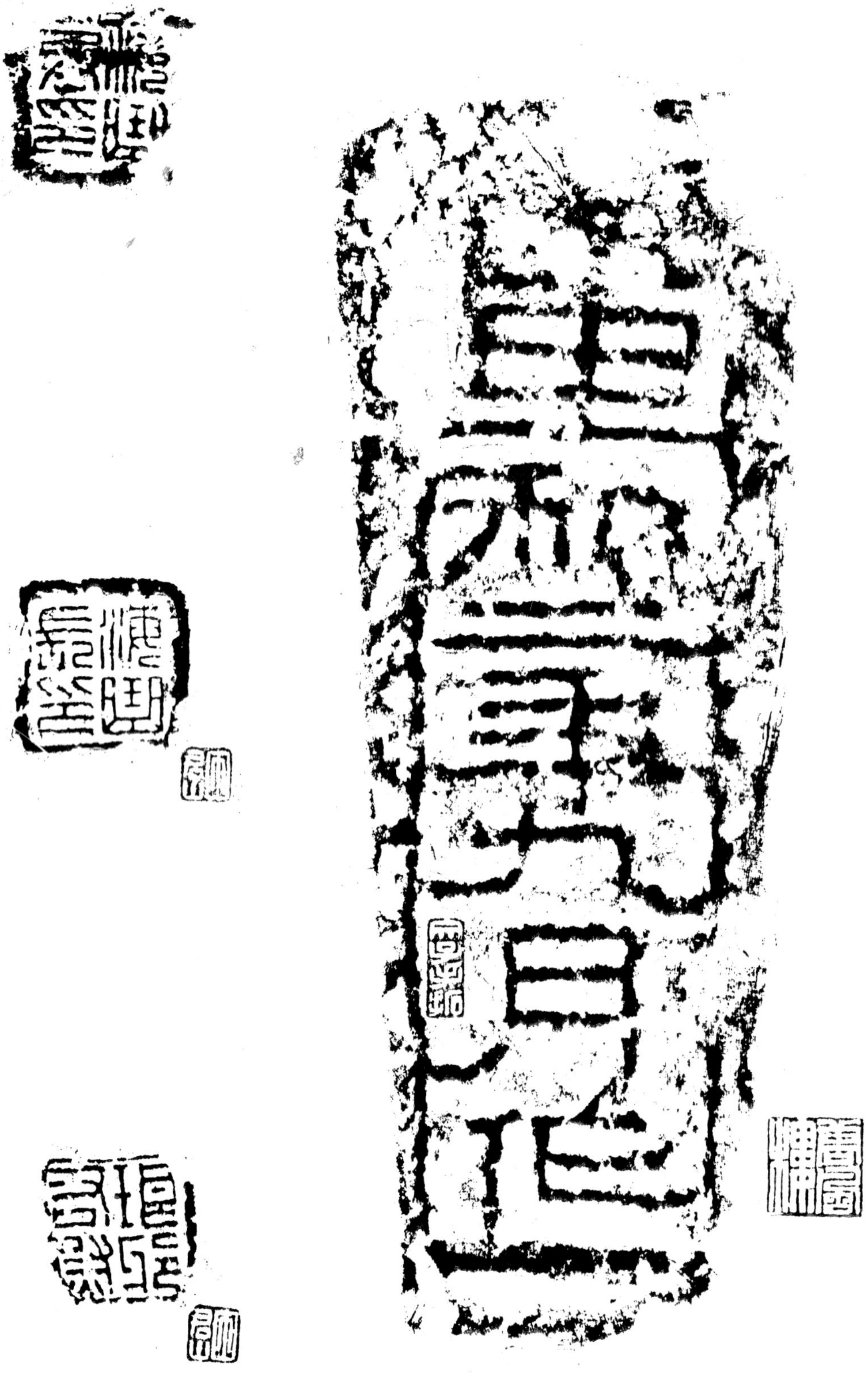

劉鐵雲藏

（No.　　）

第　頁

催餘一本泥款三
投好收到費、
神何 乃 生護
仰看在寄刻安
李纖 四十日

年　月　日

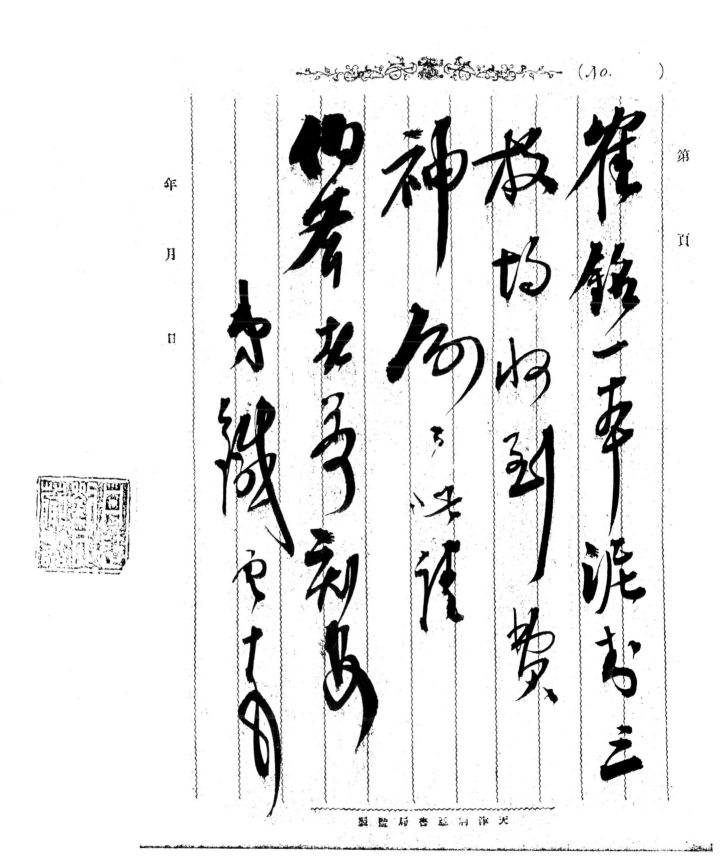

唐楊文幹造像
丁未十月得于滬上拓贈
武子先生惠存記
大唐武德六年上柱國大將軍慶
州都督楊文幹為亡父母請曇陟
大禪師造佛像一區香花供養楊
文幹獻 寶中釋

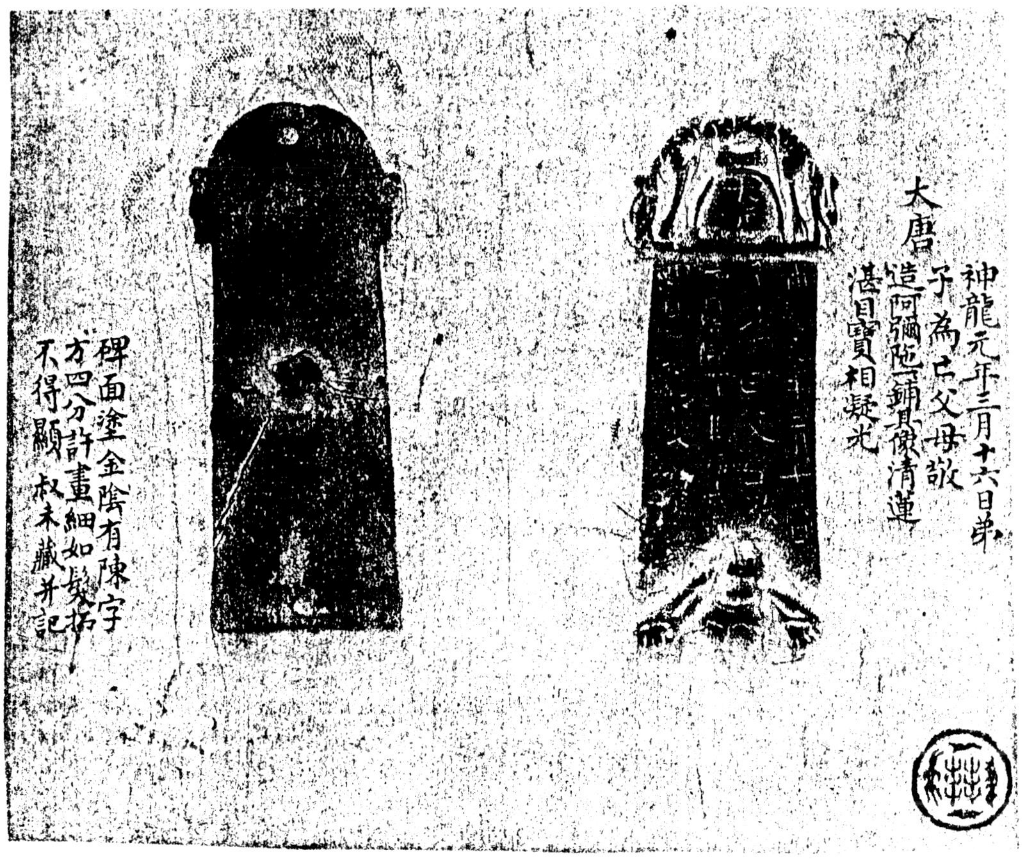
大唐
神龍元年三月十六日弟
子為亡父母敬
造阿彌陀一鋪具像清蓮
湛目寶相疑光
碑面塗金陰有陳字
方四分許畫細如髮拓
不得顯叔未藏并記

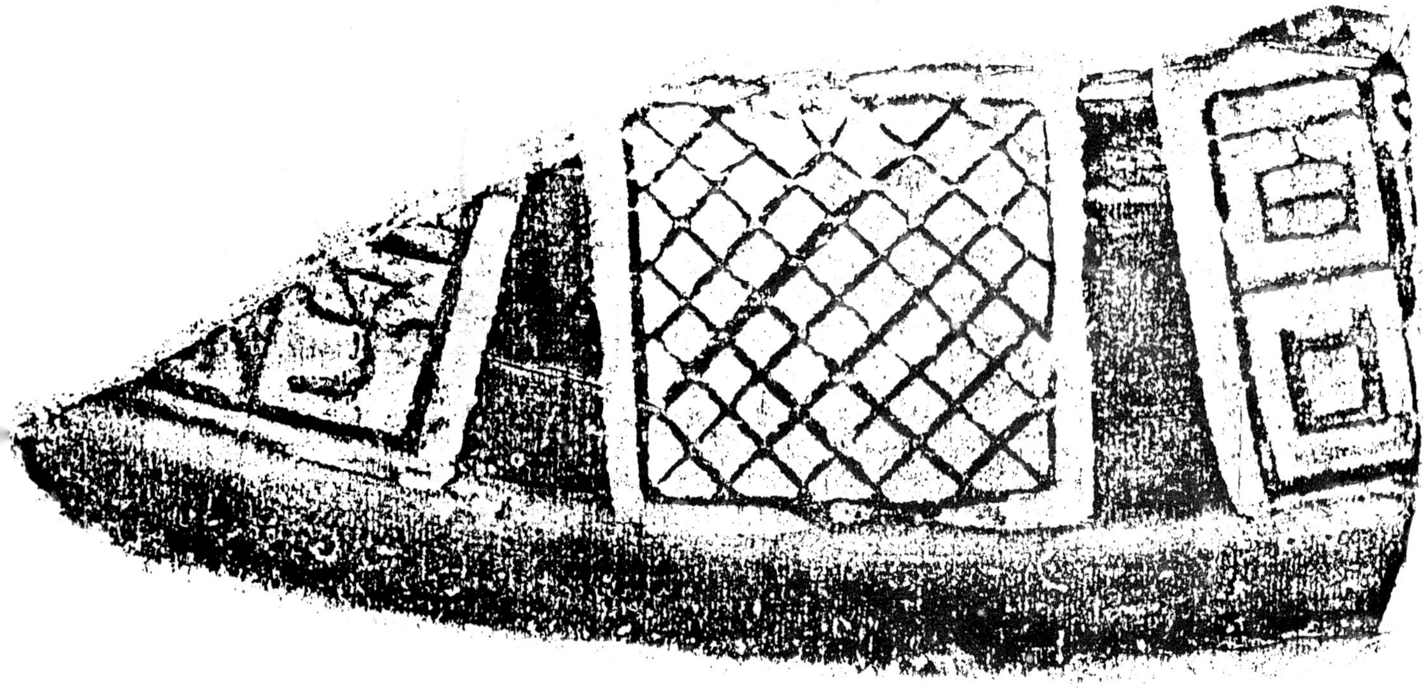

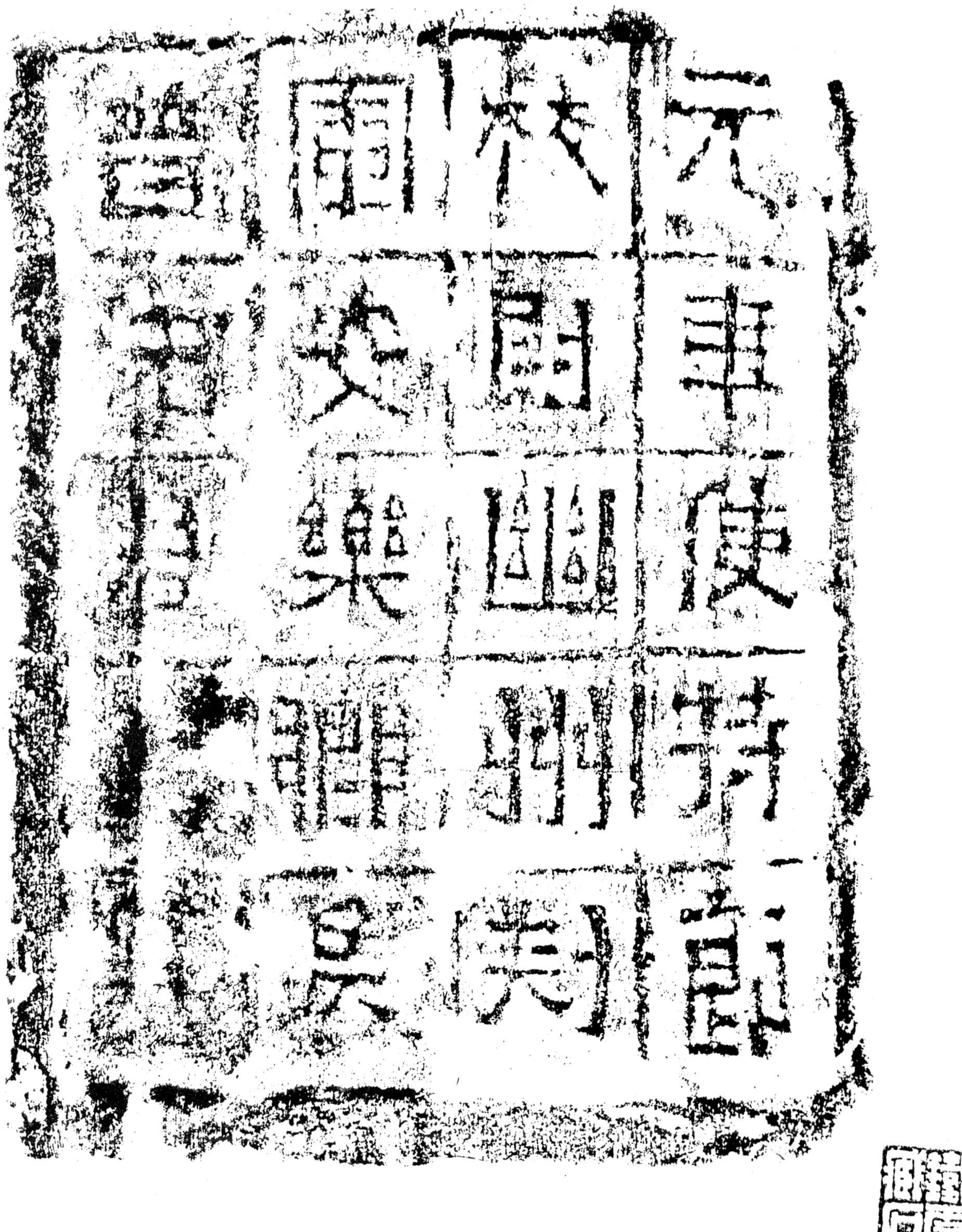

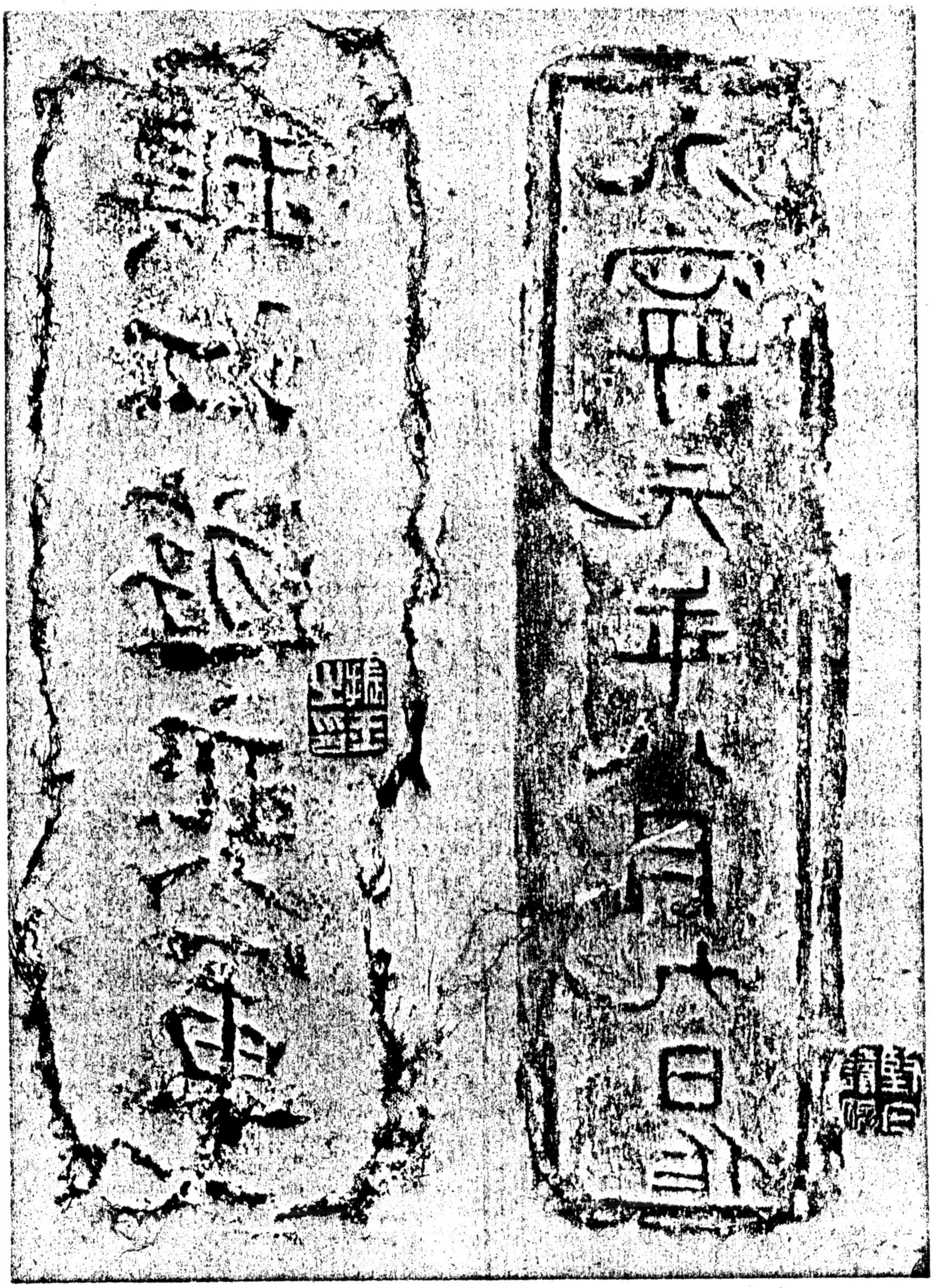

零金碎玉
文物天寶
陳慧子拜觀
辛亥

珍藏者・類次者小檔案

中華民國第一屆國民大會代表主席團主席蔣一安博士，學名炤祖，以字行。晚年別號松嶺逸叟。原籍江蘇吳縣，一九一四年誕生於淮安，遂寄籍於此。其先曾祖錫寶公進士及第，任淮安府學教諭，以其地民風淳樸，有意定居。及先祖父清翊公仕宦退隱，方遷居焉。建「抱布新築」於東門蘆葦間。庋藏書籍萬卷，古幣古董千餘件。在此新築中撰述「唐初四傑集註」及他項著作十餘種。先生自幼浸潤固有文化，奠定作大事、學鴻儒、育英才，繼絕學之懷抱與風範。

年二十負笈上海大夏大學教育學院，畢業之時，適逢蘆溝戰役，隨政府西遷。先之粵湘，再徙四川。從事省政、縣政多年。後應國立江蘇醫學院之聘，執教席暨訓導，是爲先生學以致用，從事教育文化之始。大陸撤守，浮桴臺灣，初協助辦水產職業教育，繼協籌海事專校，旋即執教於海專、海院垂三十餘年，方始轉任私立中國文化大學華岡（研究）教授。同時兼任國立師範大學三民主義研究所，國立政治大學教育研究所、私立淡江大學合作經濟系教授。直至七九高齡仍執文大教席。每登講壇，滔滔若江河東流，精力充沛，體格健朗，叩其養生之道，笑曰：「無何妙方，不戕害天賦而已！」其生活嚴謹，可從此語中窺知。

先生敎學，重視方法。擅長能近取譬，深入淺出，食而能化，化而爲用。以實際配合理論，以理論驗證實際；尤嗜將教育與生活打成一片。所謂「教育即生活，生活即教育。」無緣侍立門牆者，安能知其眞實涵義哉！

先生從事學術研究，亦有此風格與理念。認爲：學術研究須與社會實踐相結合，否則，空洞無益，虛幻有害。倘社會實踐未能與學術研究相結合，則是盲目冒進，危險堪虞。先生指出：學術研究目的，一律歸結於民生福祉、民族利益、民主生活。其執着於實踐哲學，不肯將哲學帶進虛幻境界，頗受淑世主義之影響。將深奧哲理着落於平實化、實踐化、生活化，也就是將哲學平民化、大眾化，使得人人都可接受哲學洗禮，以提高社會素質，人民素養。講授及寫作四十年教育哲學、三民主義哲學、宗教哲學，一本此觀念，侃侃而論，毖遂而寫，羣眾聽來，如搭雲梯入寶山，從無空手而回者。

在哲學方面，著有「本體思想史綱」（商務出版），「國父哲學思想論」（商務），「中山哲學論集」（海洋學院），「中山學術論集」（正中書局），近年編撰「孫學闡微」鉅構，由黎明文化事業公司出版。

先生對孫文主義付出四十年精力，深入研求，多所闡發，完成有關著作十餘種。并負責大中學校三民主義教育與教學的規劃與推廣，傳播與指導任務。更編撰大專院校有關教科用書。對國內最高學府思想教育之貢獻，難以數字表達。其最受稱道者，對此長期工作，義工義行，安之若素。是以其榮獲三民主義學術著作獎三次，專題研究獎二次，專科教科書著作獎一次，優良教學獎一次。實至名歸，誰曰不宜。

先生精研唐韻，將家藏國寶級唐人手寫本，唐韻殘卷，補其闕，刊其謬，撰成「蔣本唐韻刊謬補闕」巨構，都二千餘頁，由廣文書局出版。此書問世，完成繼絕學之讀書人天賦使命，引為畢生一大快事。獲得嘉新水泥公司學術基金會頒授優良學術著作獎。

先生苦習詩學，頗有成就。著有風雨樓詩集含入蜀吟、浮海吟兩卷;曼殊詩與擬曼殊詩兩卷（兩詩集均由商務出版）三原于右任評為必傳之作，更曰「詩學革命，得見曙光。」高要梁寒操指出先生詩「厭摹古語作艱深」，最合時宜。題詩有「心聲要克鳴斯世，不事雕鐫定必傳。」其第四首，則有「宇宙彌綸是一情，情能无僞筆能橫。荒唐儘讓旁人笑，掉臂從容大道行」。在詩學界，聲譽崇隆，獲有銀龍獎、詩教獎，被尊為詩伯，得侍立於詩聖于右老之側。

先生於六十五歲後，雅好方志學，除翻印故鄉之「淮安縣志」、「淮安藝文志」外，幷編著「淮安采風錄」，均係自費出版。免費贈閱。近正續編「淮安采風錄」，欣見其即將定稿問世。

美國聯合大學以先生學術研究，頗多非凡成就，尤以對聲韻學中之唐韻著作，有興廢繼絕之功，乃頒授榮譽文學博士。名山事業，獲得推崇，益增光輝，堪以稱慶。

先生於三十四歲時，鄉人促請參選淮安地區國民大會代表，但在鄉黨序齒、序輩倫常觀念下，自願禮讓先進，謙任候補。至五十八歲時，方始依法補實，進登議壇，盡職守分，奮勉從公。草擬方案，發表政見，獻可替否，亟受尊重。歷任憲法憲政、教育文化兩委員會召集人、編纂委員及主席團主席十九年之久，領導才能，深得佳評。屢獲中國國民黨獎狀及光華勳獎。任內言論，輯爲「逸庵論政」一書，都六十萬言。

先生信神不信教，嘗謂信神則精神有主，不信教則思想自由，不受教義束縛，與友人創組宗教哲學研究社，擔任常務理事十有餘年，研習各家宗教哲學，頗多心得。經常講演，各教派人士齊集聆聽其說道。尤以「透過宗教大同進入世界大同」的理論，最受歡迎，視爲共同奮鬥目標。友人靜觀其思想言行，認爲先生雖信神不信教，但七十五歲以後，似漸偏向於佛，此正中國儒者之之常態也。

先生畢生執着於中庸之道，一思一維，一言一行。爲學做事，堅守不踰。訊其事業成功之道，答曰：「無他，堅守中庸而已矣！」其七九生日詩中有：

一陰一陽斯爲道，安行安止唯其時；

役心役物能明辨，隨與隨緣任所之。

詩中最能看出先生持中庸不移之精神。

錄自亞洲文學出版社「當代大陸旅臺菁英錄」

珍藏者著述年表初稿

著述名稱	出版年月	出版單位	備註
風雨樓詩集入蜀吟、浮海吟兩卷	民國45.年元月出版 62.年二月二版納入人人文庫	臺灣商務印書館	是年丙申著述者四十二歲
曼殊詩與擬曼殊詩兩卷	民國54.年十二月出版 62.年十二月二版納入人人文庫	臺灣商務印書館	
本體思想史綱	民國55.年六月出版 62.年二版納入人人文庫	臺灣商務圖書館	
國父哲學思想論	民國55.年二月出版 61.年二月二版 69.年二月增訂版	臺灣商務印書館	初版榮獲國父遺教會學術著作獎。增訂本榮獲教育部最高三民主義學術獎。
大學國父思想論教本	民國57.年九月出版 81.年八月九版	國立海洋大學三民主義研究中心	
國父科學思想論	民國59.年八月出版	臺灣商務印書館	
三民主義析論	民國62.年一月出版 63.年十一月二版人人文庫	臺灣商務印書館	
三民主義專論	民國62.年二月出版	國立海洋學院三民主義研究中心	
蔣本唐韻刊謬補闕	民國62.年十月出版	廣文書局	榮獲嘉新水泥公司優良著作獎
我們的主義	民國66.年二月出版	中華日報長篇連載單行本	榮獲中正學術基金會優良著作獎
大學國父思想教本	民國67.年九月出版 71.年九月修訂版 81.年九月十二版	幼獅文化事業公司	

國父科學宇宙觀	民國69.年六月出版	正中書局	
中山哲學論集	民國70.年二月出版 72.年二月增訂版	國立海洋學院三民主義研究中心	
淮安縣志醵資編印	民國70.年五月出版	維新書局	免費贈送
淮安藝文志醵資編印	民國70.年五月出版	維新書局	免費贈送
專科學校國父思想教科書	民國72.年十月出版	正中書局	榮獲教育部專科學校優良教科書著作獎
大學國父思想教本	民國73.年八月出版 81.年九月九版	中國文化大學出版部	
中山學術論文集上下兩册	民國75.年十一月出版	正中書局	
淮安采風錄與邵育雲合編著	民國78.年三月出版	維新書局	
淮安采風錄續集與邵育雲合編著	（正編著中）		
三代吉金・漢唐樂石拓存	民國82.年一月出版	文史哲出版社	
古印窺・楚州宋專拓本	民國82.年一月出版	文史哲出版社	
孫學闡微	民國82.年元月出版	黎明文化事業公司	是年癸酉著述者八十歲
革命思想雜誌	民國69.年七月發行 到77.年十二月	革命思想雜誌社	發行八年十六卷
憲政論壇雜誌	民國76.年一月發行 到80.年六月	憲政論壇雜誌社	發行四年半五卷
學術論文單行本，演講辭單行本暫未列入			

中國文化大學中山學術研究所
國民大會秘書處資料組　提供

壬申三月初五七九生辰得
六韻其時方由國民大會代表
任內退職雖有歸隱林園之思
難掩關懷社稷之情
松嶺逸叟蔣一安

四朵白雲稱壽相
窮經皓首是吾求
文章報國中年事
入暮悄然度信衷
一陰一陽斯謂道
安行安心唯其時
役心役物能明辨
隨興隨緣任所之
足乎己無待於外
能致良知是謂明
散髮披衣歸去也
民生社稷總關懷
一觴醇釀酬風月
孤鶴冥飛有道骨
俯察仰觀運思維

無聲霜露侵華髮
閱盡身如不繫船
陸沉已命到臺員
匡時淑世持中道
七十從心八聽天
私慾毋隨外物遷
取捨義利豈能偏
酸辛苦澀俱嚐遍
未享人間一分甜

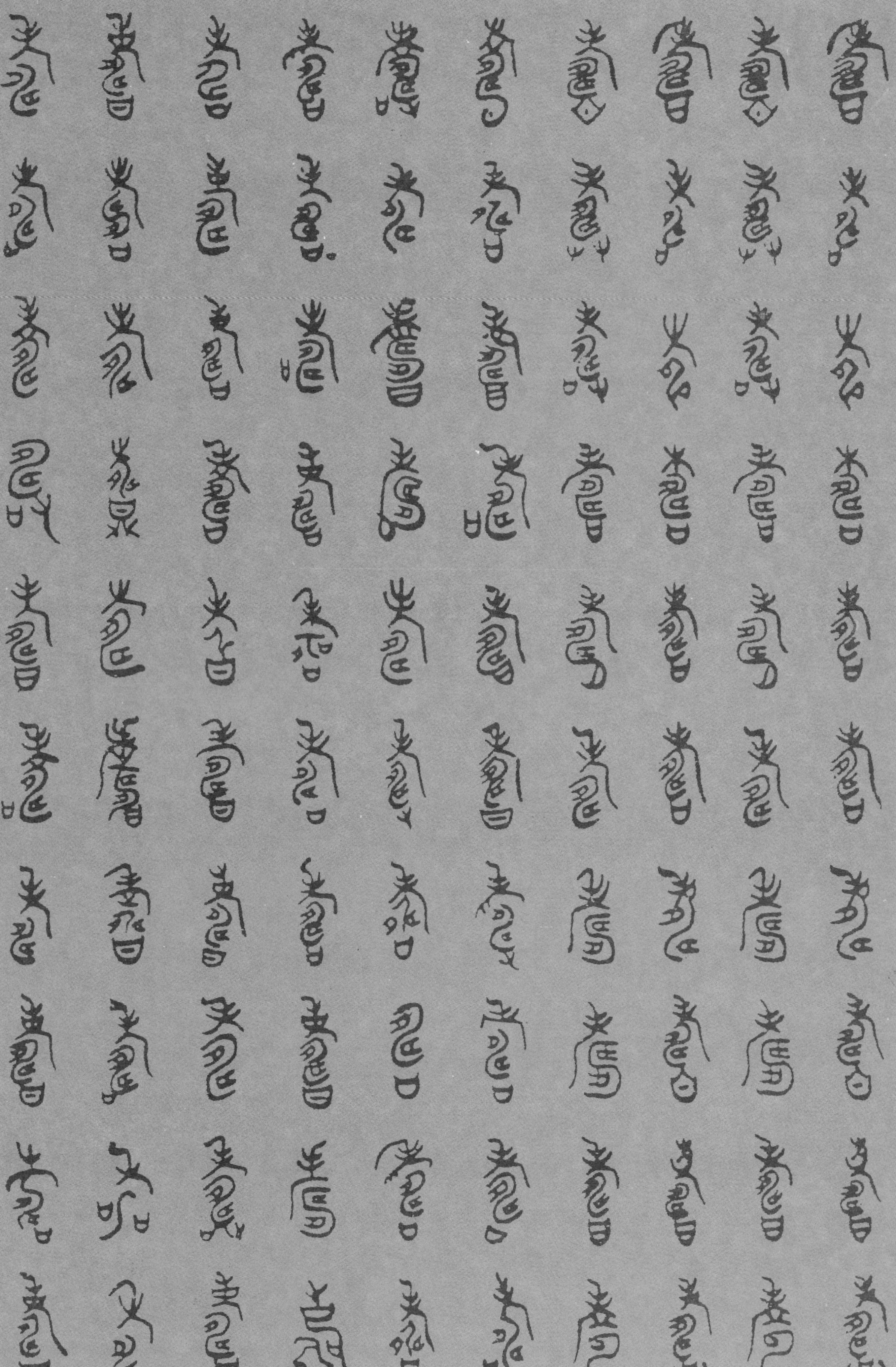